우리 곁에 있어야 할
법 이야기

KB193340

우리 곁에 있어야 할 법 이야기

제1판 제1쇄 발행일 2024년 10월 30일
제1판 제2쇄 발행일 2025년 5월 5일

글_ 최정규
그림_ 김푸른
기획_ (주)고래가그랬어, 책도둑(박정훈, 박정식, 김민호)
디자인_ 정하연
펴낸이_ 김은지
펴낸곳_ 철수와영희
등록번호_ 제319-2005-42호
주소_ 서울시 마포구 월드컵로 65, 302호(망원동, 양경회관)
전화_ 02) 332-0815
팩스_ 02) 6003-1958
전자우편_ chulsu815@hanmail.net

ISBN 979-11-7153-019-9 43360

철수와영희 출판사는 '어린이' 철수와 영희, '어른' 철수와 영희에게
도움 되는 책을 펴내기 위해 노력합니다.

우리 곁에 있어야 할 법 이야기

글 최정규
그림 김푸른

철수와영희

소중한 법은
저절로 만들어지지
않습니다

　우리는 정해진 규칙을 잘 지키고 남에게 해를 끼치지 않으며 자기 역할을 성실히 수행하는 사람을 보면 '법 없이도 살 사람'이라고 말합니다. 세상에 이런 사람들만 모여 산다면 법은 필요 없을지 모릅니다. 하지만 세상은 그렇게 호락호락하지만은 않은 것 같습니다. 정해진 규칙을 지키고 싶어도 지켜 내기 어렵고 의도치 않게 남에게 해를 끼치는 일도 종종 발생하니까요.

　우리 곁에는 법이 항상 필요하지만, 법의 소중함을 느끼며 사는 건 쉽지 않습니다. 늘 우리 곁에 있기에 맑은 공기와 물의 소중함을 모르고 사는 것처럼 하루하루 법 없이도 잘 살았다고 생각하게 되지요. 그런데 일상의 평온이 조금이라도 깨지게 되는 위기 상황이 오면 그제야 우리는 법의 소중함을 깨닫게 됩니다. 일상의 평온을 지킬 수 있었던 건 바로 우리 곁에 법이 있었기 때문이라는 사실을 말이죠.

이렇게 소중한 법은 저절로 만들어지지 않습니다. 세상이 우리의 예상과 다르게 흘러갈 때 "세상은 원래 그런 거야."라고 체념하지 않고 "세상이 왜 그래?"라고 질문하며, 때로는 법이 우리를 지켜 주지 못할 때 "도대체 법이 왜 이래?" 하고 따져 물어 가며 투쟁하는 한 사람, 한 사람의 노력이 모여 법이 만들어집니다. 그리고 그 법에 힘입어 우리는 좀 더 좋은 세상을 만들어 가고 있습니다.

운이 좋게도 저는 변호사라는 직업을 가진 덕분에 법의 탄생을 직접 목격하고, 때로는 법의 탄생에 조금이나마 힘을 보태는 기회를 가지고 있습니다. 치열한 삶의 현장에서 어려움을 겪고 있는 분들을 만날 때면 그 수렁에서 벗어나게 해 드리고 싶은 마음으로 뛰어들지만, 안타깝게도 지금 존재하는 법만으로는 구조가 불가능한 상황을 맞닥뜨리기도 합니다.

그렇다고 주저앉아 있을 수는 없기에 더 좋은 법의 탄생을 바라는 마음을 담아 그 경험담을 글로 남겨 두고 있습니다. 특별한 사람들의 영웅담이 인기를 끄는 세상에서 어쩌면 이 책에 담긴 이야기들은 초라하게 들릴지도 모르겠습니다. 그러나 가장 보통의 사람들이 삶에서 겪은 이야기를 통해 우리 곁에 이미 존재하는 법의 소중함을 한번 더 생각해 보는 기회가 되면 좋겠습니다. 더 나은 세상을 위해 우리 곁에 반드시 있어야 할 법을 모두의 힘으로 만들어 내고 싶은 마음이 조금이나마 전달되기를 바랍니다.

특별히 이 책은 2021년 6월부터 3년간 어린이 교양지《고래가 그랬어》에 연재된 〈우리 곁에 있어야 할 법〉에 담은 내용을 정리한 것입니다. 연재의 기회를 주신《고래가그랬어》김규항 대표님과 안현선 편집장님께 이 자리를 빌려 감사한 마음을 전합니다. 아울러 제 이야기의 첫 독자가 되어 준 두 아들 원준, 승준이와 제가 계속 활동하며 글을 쓸 수 있는 힘을 주는 제 아내에게 고맙다는 말을 전합니다.

최 정 규 드 림

2장 이동권이
뭐예요?

3장 '불법체류자'가 아니라
'미등록 외국인'이라고요?

 4장

휴식을 위해서도
법이 필요하다고요?

5장 **정당방위도
처벌받을 수 있다고요?**

1장

··········

법이
실행되려면
외침이
필요하다고요
?

우리
곁에
있어야 할
법
이야기

법은 어떻게 생겨나고 고쳐지나요?

"올 한 해에도 많은 법이 생겨났고 고쳐졌습니다. 그 가운데 여러분의 삶에 영향을 준 '최고의 법'은 무엇이었습니까?"

연예 대상, 연기 대상 시상식으로 시끌벅적한 연말에 한번쯤 고민해 봐야 할 질문입니다. 법은 어떻게 생겨나고 고쳐지는 걸까요?

과자는 과자 공장, 책은 책 공장인 출판사에서 만들어지고 법을 만드는 공장은 바로 국회입니다. 새로운 법을 생산하고, 이미 만든 법에 문제가 발생하면 고치는 곳도 바로 국회라는 입법 공장이죠. 그 공장에는 300명의 국회의원이 일하고 있어요. 이들이 우리를 대표해서 법을 만들고 고치는 일을 전담합니다. 국회의원 재

우리 곁에 있어야 할 법 이야기

임 기간인 4년 동안 그 일을 하고 4년 후에는 새롭게 뽑힌 또 다른 대표들이 그 일을 하게 되죠.

4년 동안 얼마나 많은 법이 만들어지고 고쳐질까요? 2020년 5월 30일부터 2024년 5월 29일까지 4년 동안 국회에서 만들고 고치겠다고 하는 법은 무려 2만 5857개였어요. 입법 공장에 하루에 17개씩 법안이 접수된 셈인데, 이 법안들은 까다롭고 엄격한 심사 과정을 거쳐서 그 가운데 일부가 실제 법으로 탄생합니다. 이때는 접수된 법안 중 약 36.7퍼센트에 해당하는 9479건만 법으로 탄생했고, 나머지 1만 6378개의 법안은 실제 법으로 탄생되지 못했습니다. 국회의원들이 하나의 법을 탄생시키기 위해 얼마나 고민을 거듭하는지를 알 수 있습니다.

이렇게 생각하는 사람들이 있을지도 모르겠어요. '어떤 법이 만들어지든 나와 무슨 상관이람!' 그런데 알고 보면 우리와 관련 있는 법은 의외로 많아요. 대표적으로 「초·중등교육법」이 고쳐지는 과정을 보면 법이 여러분의 생활에 얼마나 큰 영향을 미칠 수 있는지 느낄 수 있을 거예요.

시민 한 분이 2021년 6월 이런 법을 만들어 달라고 국회에 요구했어요.

학급당 인원이 많고 밀집도가 높아 코로나19 상황에서 학생들이 전면 등교를 하지 못하고 있으며, 전면 등교를 하더라도 안전이 보장되지 않음. 현재 우리나라의 학급당 학생 수는 OECD 평균보다 훨씬 많음. 학급당 인원수를 줄여 학생들이 더욱 질 높은 교육을 받을 수 있기를 바람.

이 요구에 20일 동안 10만 명의 시민이 동의를 했고, 국회 교육위원회에서 논의가 진행되었습니다. 안타깝게도 관련해서 법이 만들어지지는 않았지만, 시민들의 요구대로 법이 만들어진다면 여러분들은 좀 더 넓고 쾌적한 교실에서 생활할 수 있을 거예요.

국회의원들이 열심히 법을 만들고 고치고 있지만, 시민 누구나 법을 만들어 달라고 입법 공장인 국회에 요청할 수 있답니다. 30일 동안 시민 5만 명(원래 10만 명이었는데 최근 5만 명으로 바뀌었어요)의 동의를 받게 되면 국회는 의무적으로 그 법의 탄생을 위해 노력을 기울여야 합니다.

시민들의 요청으로 논의되고 있는 법 중에 '차별금지법'도 있

우리 곁에 있어야 할 법 이야기

어요. 성별, 장애, 나이, 성적지향성, 출신 국가, 출신 민족, 인종, 피부색, 언어 등을 이유로 차별을 받지 않도록 하는 내용의 법안입니다. 이렇게 좋은 법은 저절로 생기는 것이 아니라 우리가 함께 목소리를 높이고 힘을 보탤 때 탄생할 수 있답니다.

법이 실행되려면 '외침'이 필요하다고요?

경기도 성남에 사는 현섭 씨는 10여 년 전부터 근육긴장이상증이라는 질병으로 혼자 걷기 어려운 장애를 가지게 되었어요. 근육이 자신의 의지와 무관하게 비정상적인 자세를 취하거나 제멋대로 움직이는 병이에요. 보통 혼자 걷기가 어려운 사람들은 휠체어를 이용하는데 현섭 씨는 그럴 수가 없어요. 갑자기 몸이 움직여 휠체어에서 떨어져 크게 다칠 수 있기 때문이에요. 실제로 그런 사고를 겪은 후에는 누군가의 부축을 받아야만 이동할 수 있어요.

병원에도 자주 가야 하고 장애인복지관도 이용해야 하는데, 모두 걸어서 가기에는 너무 멀리 떨어져 있어요. 할 수 없이 택시를 타고 이동해야만 했는데 택시비가 너무 비싸 부담이 컸어요. 그런데 자신처럼 혼자 이동하기 어려운 사람을 위한 제도가 생겼다는 것을 알게 되었어요. 바로 '장애인 콜택시'였죠. 현섭 씨는 사막에서 오아시스를 발견한 것처럼 기뻤다고 해요.

현섭 씨는 기쁜 마음으로 택시 회사에 연락을 했습니다. 그런데 뜻밖의 답변이 돌아왔어요.

"휠체어를 타지 않아서 장애인 콜택시를 이용할 수 없습니다."

사막에서 오아시스를 찾았다고 생각했는데 신기루였다는 사실에 너무 답답했지만, 현섭 씨는 바로 그때부터 작은 목소리로 외치기 시작했어요. '나는 혼자 힘으로는 이동할 수 없고 심지어 휠체어도 탈 수 없는 약자 중의 약자인데 장애인 콜택시를 이용할 수 없다는 건 부당해.' 현섭 씨는 관할 지방자치단체를 상대로 소송을 제기했습니다.

현섭 씨의 이런 작은 외침은 2년 후 놀라운 결과를 낳았어요. 장애인 콜택시를 이용할 수 있게 되었고, 2년 동안 이용하지 못한 불편함에 대한 손해배상도 성남시로부터 받게 되었어요.

어떻게 이런 일이 가능했을까요? 바로 '법'이 존재했기 때문이에요. 「교통약자법」과 「장애인차별금지법」이 제 역할을 한 거지

우리 곁에 있어야 할 법 이야기

요.「교통약자법」은 몸이 불편해 이동이 어려운 사람들에 대해 국가와 지방자치단체가 도움을 주어야 할 의무를 규정한 법이고, 「장애인차별금지법」은 장애인이라는 이유로 차별하는 것을 금지하는 법입니다.

그런데 우리가 여기서 기억해야 할 것이 두 가지가 있어요. 법이 실제 우리 삶에 적용되기 위해서는 용기 있는 '외침'이 있어야 한다는 것이에요. 약 봉투에 담긴 약이 실제 내 몸에 작동하기 위해서는 약 봉투를 뜯고 입에 넣어 꿀꺽 삼켜야 하는 과정이 필요하지요. 법도 마찬가지예요. 법전에 있는 법이 효과를 내기 위해서는 '외침'이라는 과정이 필요한 거죠.

또 기억해야 할 것이 있어요. 법을 실제 우리 삶에 적용하는 데는 시간이 걸린다는 거예요. 해열제를 복용하면 즉각적으로 열이 떨어지는 것처럼 법도 그러면 참 좋을 텐데, '외침'이라는 과정을 통해 법이 효과를 내기까지는 안타깝게도 많은 시간이 걸립니다. 현섭 씨도 문제를 제기하고 자신의 권리를 찾기까지 무려 2년이라는 시간이 걸렸죠.

"어떻게 2년 동안 외칠 수 있어요? 목이 다 쉬었겠어요."

이렇게 질문을 던지는 친구가 있을 것 같아요. 그런데 현섭 씨는 2년 동안의 과정이 정말 행복했다고 이야기해요. 안타까운 사연을 세상에 알려 준 방송기자에게도, 국가인권위원회와 법원에 함께 가 준 저에게도 항상 고맙다는 말을 해요.

"법의 탄생을 위해 필요한 투쟁은 저주가 아니라 축복이다."

150년 전 독일 법학자 예링이 한 말이에요. 이 말이 거짓말이 아니라 참말이라는 것을 알게 되었어요.

우리 곁에 있어야 할 법 이야기

판사는 진실을
찾아야 한다고요?

몇 년 전 한 초등학교에서 하교 시간에 한 학생이 학교 계단에서 넘어져 크게 다치는 사고가 있었어요. 그 학생은 자기 뒤에 있던 친구가 자기를 밀었다고 생각했어요. 그 친구가 평소에 자기를 무척 싫어해서 그런 일을 저질렀다고 주장했어요. 하지만 그 친구는 자기는 절대로 그런 행동을 하지 않았다고 했죠.

결국 이 사건에 대해 학교 측에서 조사를 하게 되었는데, 그 조사를 맡은 선생님이 저에게 도움을 요청했어요. 주변에 다른 학생들도 있었으니 최대한 많은 학생들의 이야기를 들어 볼 필요가 있다고 조언을 해 드렸죠. 계단을 내려가며 상황을 목격한 학생들의

우리 곁에 있어야 할 법 이야기

이야기가 다들 제각각이라 선생님은 진실을 밝히는 데 꽤 애를 먹었다고 해요.

학생들의 의견은 크게 두 가지 중 하나였을 거예요. '특별히 그날 하교 시간에 그 계단에 학생들이 많이 몰려 자연스럽게 부딪혀 넘어졌다', '유난히 복잡했던 계단 상황을 이용해 나쁜 감정을 가지고 밀었다'. 어떤 일은 '진실'이 명확할 때도 있지만, 어떤 일은 '진실'이 발이라도 있어 '내가 진실이야'라고 튀어나와 주면 좋겠다는 생각이 들 정도로 판단하기 어려운 경우도 있어요.

그런데 이렇게 어려운 일을 직업으로 하는 사람들이 있어요. 판사가 바로 그런 사람들이죠. 사람들은 억울한 일이 있을 때 그 문제를 해결해 달라며 법원을 찾아가요. 그럼 법원은 그 사람과 그 사람을 억울하게 한 상대방을 법정에 부르고 판사 앞에 서게 하죠. 상대방이 '제가 잘못했습니다. 제가 억울하게 한 것이 맞아요'라고 말해 주면 쉽게 끝나겠지만, '저는 그렇게 하지 않았어요'라고 말하면 이제부터 '진실'을 찾는 일은 판사의 몫이 되지요.

판사는 매일매일 '무엇이 진실일까?'를 고민해요. 어떤 날은 퇴근을 하지 못하고 늦은 밤까지 그 고민을 이어 나가기도 한다고 해요. 제가 일하는 일터 바로 앞에 법원이 있는데, 밤늦게까지 불이 켜져 있는 것을 보면 오늘도 많은 판사들이 밤 새워 고민을 하고 있다는 생각이 들어 마음이 짠할 때가 있어요. 그렇게 열심히 일을 하면서도 판사들은 한편으로는 두렵다고 해요. 자신이 진실을 찾는 일에 실패해서 누군가를 또 억울하게 하지는 않을까 하는 고민을 계속한다고 합니다.

한 판사는 어느 날 길에서 누군가를 우연히 만났는데 갑자기 그 사람이 말을 걸어왔다고 해요.

"판사님. 오랜만입니다. 저 기억하시나요?"

그 순간 판사는 오만 가지 생각이 다 들었다고 해요. 혹시 내가 잘못 판단해서 억울한 사람이 나를 알아보는 것은 아닐까?

우리나라에는 약 3000명의 판사가 있습니다. 오늘도 '진실'을 찾기 위해 밤낮없이 최선을 다하고 있습니다. 판사들이 지혜로운 판단을 내릴 수 있도록 우리의 응원과 관심이 필요합니다.

우리 곁에 있어야 할 법 이야기

범인 잡는 것보다
더 중요한 원칙이 있다고요?

　　잘못된 행동을 하지 않았는데 그 행동을 한 사람으로 지목되어 억울했던 적이 있나요? 누구나 크건 작건 그런 경험을 한 적이 있을 거예요. 저는 학창 시절 이런 일을 겪은 적이 있어요. 체육 시간에 반 아이들이 모두 운동장에 나갔고 저는 다리를 다쳐 교실에 혼자 있었죠. 그런데 체육 시간이 끝나고 갑자기 한 친구가 필통이 없어졌다는 거예요.

　　체육 시간 전까지 있었던 필통이 갑자기 사라졌다고 하고, 그 시간에 홀로 교실에 있었던 건 저니까 반 아이들 모두가 저를 범인으로 지목하는 건 어쩌면 당연했어요. 아무리 애를 써도 필통을

우리 곁에 있어야 할 법 이야기

훔치지 않았다는 걸 증명해 낼 방법은 존재하지 않았죠. 다행히 그 필통이 하교 시간에 친구 실내화 가방에서 발견되면서 해프닝으로 끝났지만 오랫동안 억울했던 기억으로 남아 있어요.

"99명의 범인을 놓치더라도 1명의 시민이 억울하게 처벌받는 일은 없어야 한다."

흔히 법의 역할을 이야기할 때 많이 언급하는 말이지요. 범인 잡는 일만 중요하다고 생각하기 쉬운데 억울하게 누명을 쓰고 처벌받지 않도록 하는 것이 더 중요하다는 거죠. 그런데 그게 말처럼 쉬운 일만은 아니에요.

20년간 감옥살이를 하고 나온 한 시민의 억울한 이야기가 세상에 알려져 충격을 준 일이 있었어요. 진짜 범인이 나타나 30여 년 만에 억울함을 풀 수 있었지만, 그 오랜 시간 동안 그분이 받은 피해는 고스란히 남았죠. 아무리 보상금을 많이 준다고 해도 그 피해는 완전히 회복될 수 없을 거예요. 참으로 끔찍한 일이죠.

그런 억울한 일이 일어나지 않도록, 법은 한 사람을 처벌하기 위해서는 여러 단계를 거치도록 만들어졌어요. 범인이 누구인지 처음 조사를 하는 건 경찰청 경찰관(수사 단계), 조사한 내용을 검토하여 국가에 그 사람을 처벌해 달라고 요청하는 건 검찰청 검사

(기소 단계), 그 사람이 정말 범인이 맞는지 다시 한 번 판단하는 법원 판사(재판 단계), 이렇게 세 단계를 여러 기관이 나누어서 담당하게 하는 거죠.

재판도 한 번만 진행되는 것이 아니라 세 번까지 할 수 있고, 각각의 재판은 다른 판사들이 맡도록 했습니다. 그리고 재판에는 확실한 증거가 없을 경우 처벌해서는 안 된다는 원칙을 두고 있어요. "의심스러울 때에는 피고인의 이익으로"라는 원칙이죠.

그래도 사람이 하는 일이라 실수가 있을 수 있으니, 최종 확정 판결 후에도 새로운 증거들이 나타났을 때는 다시 재판을 청구할 수 있는 제도도 마련해 두었습니다. 바로 재심(再審) 제도입니다.

우리나라 「헌법」 제1조 제2항에는 이렇게 적혀 있어요.

"대한민국의 주권은 국민에게 있고, 모든 권력은 국민으로부터 나온다."

나라의 주인이 바로 국민이라는 거죠. 국가가 그 주인을 함부로 처벌하지 못하도록, 그 누구도 억울하게 처벌받는 일이 없도록, 지금보다 더 좋은 법이 만들어지도록 여러분도 함께 기원했으면 좋겠습니다.

시대에 따라
죄와 벌이 다르다고요?

아침은 분주합니다. 각자 일어나야 하는 시간에 맞춘 알람 소리가 울리지만 모두 1분이라도 더 자고 싶은 마음에 계속해서 울리는 알람을 꺼 버리지요. 지각이라도 하면 학교에선 벌점을 맞지요. 예전에는 '지각하면 청소', '지각하면 운동장 10바퀴' 등 다채로운 벌을 받았습니다.

조선 시대에도 나라에서 일하는 관리들이 출퇴근 시간을 어겼을 경우 벌칙이 내려졌다고 해요. 일을 더 많이, 오래 시키는 벌 정도가 아니라 곤장으로 엉덩이를 때리는 벌이 주어졌다고 합니다. 정말 상상도 못할 일이죠.

우리 곁에 있어야 할 법 이야기

벌은 무엇이고 어떤 경우에 내리는 걸까요? 죄는 미워해도 사람은 미워하면 안 된다는 말이 있지요. 하지만 잘못을 저지른 사람을 볼 때면 밉게 마련입니다. 그 사람에게 왕창 벌을 주고 싶은 마음이 들지요. 그렇지만 이렇게 감정에 휘둘려서만은 안 되겠죠. 그래서 법은 일정한 원칙을 정해 두고 있습니다.

'죄'와 '벌'은 법에 꼭 규정해야 한다는 원칙, '죄형법정주의'가 바로 그것입니다. 그냥 옛날에 지각을 한 사람에게 곤장으로 엉덩이를 때리는 벌이 주어졌으니 지금도 그래야 한다는 식으로 말할 수는 없는 거죠. 관습으로 벌을 줄 수는 없고, 벌을 주기 위해서는 사회 구성원들 사이에 정확한 합의가 이루어진 후 합의한 내용이 '법전'에 규정되어 있어야 합니다.

시대에 따라 새로운 죄와 형벌이 정해지기도 합니다. 불과 몇십 년 전까지는 '열 번 찍어 안 넘어가는 나무가 없다'며 좋아하는 사람을 찾아가 몇 번이고 사랑을 고백하는 것이 아름다운 이야기로 여겨졌습니다. 하지만 지금은 전혀 그렇지 않지요. 이젠 상대방이 싫다고 분명하게 자기 의사를 표현했는데도 일방적으로 좋다고 하는 행동들은 '스토킹'으로 처벌받을 수 있습니다. 2021년 4월 20일 제정된 「스토킹 처벌법」은 스토킹 범죄를 저지른 사람에 대해 3년 이하의 징역 또는 3천만 원 이하의 벌금에 처하도록 규정하고 있습니다.

새로운 법이 만들어졌으니 예전에 나를 쫓아다니며 괴롭혔던 사람도 이「스토킹 처벌법」으로 처벌할 수 있을까요? 안타깝지만 그럴 수는 없습니다. 죄와 형벌에 대한 새로운 법이 만들어져도 과거의 일을 소급해서 이 법으로 처벌할 수 없도록 했습니다. 그만큼 죄와 형벌에 대한 법은 엄격하게 적용됩니다.

곤장으로 사람을 때리는 벌은 우리나라 법에서는 사라졌지만, 최고 형벌인 사형은 아직 우리 법에 규정되어 있습니다. 다만 우리나라는 사형 제도가 법전에 존재는 하지만 1998년부터 사형을 집행하지는 않고 있어 '사실상 사형제를 폐지한 국가'로 분류됩니다. 아무리 범죄자라도 생명은 소중하니 사형 제도를 법전에서 삭제해야 한다는 주장이 헌법재판소에서 두 차례 판단을 받기도 했는데요. 헌법재판소는 두 번 모두 '합헌'이라는 결정을 내렸습니다.

좋은 약이 병을 치료하는 것처럼 죄와 벌에 대한 좋은 법은 우리 사회에서 범죄가 사라지는 데 기여할 수 있을 것입니다.

법은 성실하게 최선을 다할 의무를 부과한다고요?

"학교 수업 중 어떤 수업이 가장 좋고 어떤 수업이 가장 싫은가요?"

새로운 학년이 시작되면 원래 좋았던 과목이 싫어지기도 하고 이전에는 싫었던 과목 시간이 또 기다려지기도 하죠. 한 친구는 미술 시간이 너무 싫었다고 해요. 미술 시간이 다가오면 시작도 하기 전에 배가 아프기 시작했고, 어떤 날은 보건실에 누워 있어야 할 정도로 심각하기도 했어요.

왜 친구는 미술 시간이 그토록 싫었을까요? 어쩌면 그림 그리기를 즐기는 법을 몰랐기 때문이 아닐까요? 그림이라는 건 보는

우리 곁에 있어야 할 법 이야기

사람에 따라 잘 그리고 못 그렸다는 평가 기준이 다를 수밖에 없습니다. 유명한 화가들도 살아 있을 때는 인정을 못 받다가 아주 오랜 시간이 흐른 뒤에 명작으로 평가 받는 일이 많잖아요. 결국 열심히, 성실하게 하는 것이 중요한 일인 거죠. 일이라는 것이 그래요. 결과를 기준으로 평가받기도 하지만 과정으로 평가받는 일도 많죠.

이런 일이 있었어요. 학교폭력을 당한 피해자 가족들이 어떤 변호사에게 소송 진행을 맡겼는데, 결국 소송에서 졌어요. 사건을 맡은 변호사가 열심히 성실하게 소송을 진행해도 결과가 좋지 않을 수 있어요. 소송 결과만 놓고 그 변호사를 비난하는 것은 가혹한 일일 거예요. 의사가 환자를 최선을 다해 치료해도 낫지 않는 일도 있습니다. 그렇다고 의사를 비난할 수는 없겠지요.

그런데 이 사건은 좀 경우가 달랐어요. 나중에 확인해 보니 그 변호사가 재판에 제대로 출석을 하지 않았던 것이 밝혀졌어요. 그것도 한 번이 아닌 세 번이나 출석하지 않아 피해자는 재판에서 제대로 싸워 보지도 못한 채 그냥 져 버린 것이죠. 소송을 맡긴 피해자 가족들은 전적으로 신뢰한 변호사로부터 더 큰 상처를 입게 되었습니다. 이런 사실이 세상에 알려지자 변호사를 향한 비난이

쏟아졌어요.

　법에서는 어떤 일을 믿고 맡기는 것을 '위임'이라고 해요. 몸이 아팠을 때 병원에 가서 의사에게 진료를 받는 것, 재판을 진행해야 할 때 변호사에게 사건을 맡기는 것이 '위임'의 대표적인 모습이죠. 결과보다는 과정이 더 중요하기에 법은 위임을 맡은 의사, 변호사에게 더 열심히, 성실하게 최선을 다할 의무를 부과하고 있어요. 최선을 다하지 않아 피해를 주었다면 그에 따른 배상도 해 주도록 만들어 놓았죠. 또한 그 의무를 다하지 않아 피해를 준 변호사, 의사가 또 다른 시민들에게 피해를 주지 못하도록 그 자격을 일정 기간 동안 정지하거나 영구히 박탈할 수 있도록 하는 징계 절차도 규정해 두고 있습니다.

모여서 시위하는 게
불법이 아니라고요?

    자신의 생각을 누군가에게 전달했는데 계속 받아들여지지 않을 때가 있었나요? 좀더 잘 전달해 보려고 차분하게 고민하고 계속 이야기해 보려고 하지만 도저히 넘을 수 없는 커다란 벽이 느껴질 때는 나도 모르게 목소리가 커지거나, 어떨 때는 포기해 버리기도 하지요.

    23년 전 이런 일이 있었어요. 휠체어를 탄 한 장애인이 지하철을 타기 위해 이동하다가 계단에서 추락해 사망을 했습니다. 지금은 대부분의 지하철역에 노약자나 장애인을 위해 엘리베이터가 설치되어 있지만 그때는 없었습니다. 대신 휠체어 이용 장애인들

우리 곁에 있어야 할 법 이야기

은 계단에 연결되어 있는 '리프트'라는 기계에 의지해 지하로 이동했습니다. 그런데 이 리프트에서 추락하는 사고가 발생했던 거예요. 오래전부터 '리프트'가 추락할 위험이 있다는 의견이 있었지만 받아들여지지 않았고 결국 한 사람이 소중한 생명을 잃게 된 것이죠.

그 일이 있은 후부터 장애인들은 목소리를 높이기 시작했어요. 장애인도 비장애인처럼 가고 싶은 곳에 편하게 이동할 수 있는 권리를 보장해 달라는 요구였죠. 다행히 지하철을 안전하게 탑승할 수 있도록 지하철역에 엘리베이터를 설치하고, 휠체어 이용 장애인도 버스에 탑승할 수 있도록 '저상버스'를 운영해 달라는 요구는 조금씩 받아들여지기 시작했어요.

그러나 그 변화의 속도가 너무나 더뎠어요. 20년이 지난 현재에도 장애인은 대중교통을 이용하는 데 많은 불편을 겪고 있어요. 아직도 엘리베이터가 설치되지 않은 지하철역이 있고, 저상버스 도입율은 지지부진하죠. 그러다 보니 장애인들은 자신들의 의견을 전달하기 위해 휠체어에서 내린 뒤 몸으로 바닥을 쓸고 기어가 지하철에 탑승하는 시위를 이어 나가고 있어요.

장애인들의 지하철 탑승 시위로 지하철 운행이 지연되는 일이 발생하자 이를 바라보는 시민들의 생각도 복잡해졌어요. 장애인들의 다급한 마음도 알겠지만 시민들에게 불편을 초래하는 시위 방식에 대해서는 비판의 목소리도 있었죠. 그런데 장애인들이 이렇게까지 하게 된 과정을 안다면 그들의 시위 방식을 그렇게 쉽게 비판할 수는 없을 거예요. 무려 20년 동안 그들은 이동권을 위해 목소리를 높여 왔어요. 하지만 국가는 장애인의 이동권 보장과 관련한 약속들을 제대로 지키지 않았습니다. 그들이 왜 그런 시위 방식까지 선택하면서 투쟁하게 되었는지 그 과정과 이유를 들여다보는 노력을 해야 해요.

여러 사람이 모여 생각을 전달하는 '집회와 시위'를 할 권리는 법으로 분명하게 보장되어 있어요. 그런데 처음부터 그랬던 건 아니에요. 집회와 시위는 사회의 안정성을 위협한다는 이유로 제대로 보장받지 못하고 금지되었던 때가 있었어요. 밤에 여러 사람이 모여 촛불을 켜고 목소리를 높이는 '촛불집회'를 아시죠? 그 촛불집회도 2010년까지는 법에서 허용해 주지 않았고, 법원, 국회의사당 등 특정한 장소 주변에서는 집회와 시위를 금지하는 규정도 있었어요.

우리나라 최고의 법인 「헌법」에는 이미 '국민이 나라의 주인이고 모든 국민은 집회의 자유를 가진다'고 적혀 있었지만, 법이 그 자유를 보장하기는커녕 억압하는 상황이 연출되고 있었던 거죠. 다행히도 「헌법」에 맞지 않는 법을 심사하는 헌법재판소에서 그런 법들을 고치라는 의견을 줄기차게 내고 있고, 시민들의 자유를 보장하는 쪽으로 바뀌고 있어요.

집회와 시위가 우리 생활에 다소 불편을 초래할 수는 있습니다. 하지만 그렇다고 해도 조금 너그러운 마음으로 그 목소리에 귀 기울여 봤으면 좋겠어요. 차분함을 유지하고 싶지만 그렇지 못할 때가 우리에게 모두 있는 것처럼 그들이 차분함을 깨고 목소리를 높이는 답답한 사연이 잘 해결되기를 함께 기원하면서 말이죠.

2장
···········

이동권이
뭐예요
?

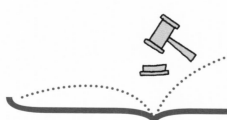

우리
곁에
있어야 할
법
이야기

'검찰 개혁'이 뭐예요?

요즈음 방송 뉴스며 신문이며 '검찰 개혁'이라는 말이 많이 등장합니다. 다소 생소하게 들리는 이 단어는 지난 몇 년 동안 우리 사회의 주요 이슈 가운데 하나였습니다. 이 단어를 설명하려면 먼저 검찰이 무슨 일을 하는 기관인지부터 살펴봐야 합니다.

조선 시대를 배경으로 하는 연극이나 영화를 본 적이 있나요? 그런 시대극에서는 이런 장면을 심심찮게 볼 수 있어요.

고을 원님　　(포승줄에 묶여 무릎을 꿇은 자에게) "네 죄를 네가 알렸다!"

우리 곁에 있어야 할 법 이야기

| 죄인 | (떨리는 목소리로) "아닙니다. 소인은 죄가 없습니다." |
| 고을 원님 | (분노에 찬 목소리) "뭐라고? 아직 뉘우치지 않고 있구나. 바른말을 할 때까지 매우 쳐라!" |

조선 시대만 해도 재판은 이런 식으로 진행되었어요. 원님이 죄를 추궁하고 판결도 하고 북 치고 장구 치고 혼자 다 했던 거죠. 그러다 보니 억울한 일이 많이 생겼죠. 점점 한 사람이 모든 판단을 하는 건 위험하다는 생각을 하게 되었어요. 그래서 죄를 추궁하는 사람과 판결을 하는 사람을 나눠야겠다는 생각에서 지금의 재판 제도가 생겨난 것이에요. 죄를 추궁하는 사람은 검사, 판결을 하는 사람은 판사. 그리고 검사가 모여 있는 기관은 검찰, 판사가 모여 있는 기관은 법원, 이렇게 검찰과 법원이 생겨났던 거죠.

그런데 시민들의 인권 보호를 위해 마련된 검찰과 법원이 오히려 시민들의 인권을 탄압하는 기관으로 변한 아픈 경험이 우리 역사에 남아 있어요.

시민들을 섬겨야 하는 국가기관이 첫 마음을 잃어버리고 자신의 역할을 하지 못할 때 우리는 어떻게 해야 할까요? 그래서 '검찰 개혁'이라는 단어가 등장했어요. 공익을 대표하는 검사가 제

역할을 다하도록 시민들은 특별히 검찰에 큰 힘을 실어 주었는데 그 역할을 제대로 하지 않고 오히려 그 힘을 잘못 사용하는 일이 많아졌기 때문이죠. 그런 시민들의 목소리가 모여 변화가 추진되고 그 과정을 통해 다시 첫 마음을 회복하도록 하는 것을 '개혁'이라고 불러요.

좋은 법과 제도도 만들어질 때의 첫 마음을 잃어버릴 때가 참으로 많아요. 여러분도 새학기가 시작할 때의 마음을 학기 말까지 유지하기 어려운 것처럼 말이죠. 검찰과 법원 등 시민들의 인권을 보호해야 하는 사명을 가진 국가기관이 첫 마음을 잃지 않고 맡은 역할을 잘 수행하도록 하려면 시민들의 관심과 감시가 꼭 필요합니다.

'공익 신고'가
뭐예요?

　씽씽 달리는 자동차를 볼 때면 나도 언젠가 이런 자동차를 타보고 싶다거나 때로는 직접 만들고 싶다는 생각이 들지요. 광호 씨는 그런 꿈을 이룬 사람이었어요. 실제 자동차를 만드는 일, 그것도 자동차에서 가장 중요한 부분인 엔진을 만드는 일을 했습니다.

　광호 씨는 자동차 만드는 회사에서 기술자로 근무하던 중 회사가 만든 엔진에 문제가 있다는 사실을 발견했어요. 당연히 가장 먼저 회사에 알렸고 자동차를 이용하는 고객의 안전을 위해 회사가 즉시 수리를 진행할 것이라고 생각했어요. 그런데 무슨 이유인지 회사가 그렇게 하지 않고 시간을 끌면서 그냥 슬쩍 넘어가려는

우리 곁에 있어야 할 법 이야기

것 같아 보였어요.

여러분도 이런 걸 경험한 적이 있나요? 부당한 일을 보고 선생님이나 부모님께 알렸는데, 문제를 적극적으로 해결하기보다는 회피하려 든다는 생각이 들 때, 어떤 결정을 내렸나요? 나도 그냥 눈 한번 질끈 감을 것인지, 아니면 이건 잘못된 것이라고 목소리를 낼 것인지, 고민되고 결정을 내리기가 쉽지 않지요. 이런 상황은 정말 맞닥뜨리고 싶지 않고 피하고 싶은 순간이에요. 문제라는 것을 다 알면서도 모두들 그냥 슬쩍 넘어가려는 상황에서 나만 용기 있게 "문제 있습니다!"라고 외치는 것은 생각보다 쉽지 않은 일 같아요.

그럼 광호 씨는 어떤 결정을 했을까요? 고객의 안전을 최우선 가치로 생각하는 기술자로서 회사의 무책임한 대응 방식을 그냥 두고 보기가 너무 괴로웠습니다. 밤에 잠도 제대로 잘 수 없었어요. 그런 시간이 1년이나 지속되었죠. 그 사이에 회사는 어떤 조치도 취하지 않았어요. 왜 바로 문제 제기를 하지 않고 1년이나 시간을 보냈냐고 생각하는 사람이 있을지도 모르겠습니다. 그건 신고를 하면 회사를 계속 다니기 힘들 수도 있었기 때문이에요. 하지만 광호 씨는 마침내 엔진의 문제점을 세상에 알리기로 마음먹었습니다. 지금 행동하지 않으면 자신이 세상을 떠날 때 땅을 치고 후회할 것 같아 용기를 냈다고 해요.

개인적 이익이 아닌 우리 사회 모두의 이익을 위해 어떤 문제를 세상에 알리는 것을 '공익 신고'라고 해요. 다른 나라에서는 공익 신고자를 '호루라기를 부는 사람'이라고 표현하기도 합니다. 그냥 슬쩍 넘어가려는 침묵의 분위기에서 한 사람이 용기를 내 힘껏 분 호루라기 소리는 나비효과처럼 엄청 큰 파장을 일으켰어요. 무려 23만 대에 달하는 차들이 수리를 받고 사람들은 더 안전해질 수 있었습니다.

공익 신고가 없었다면 어떻게 되었을까요? 광호 씨가 공익 신고하기 전 문제가 있는 엔진을 장착한 차량이 운행 중 불이 나는 사고가 몇 번 일어났다고 해요. 아마도 공익 신고를 통한 수리가 진행되지 않았다면 더 많은 자동차가 사고가 나고 더 많은 사람들이 그 사고로 다치거나 생명을 잃는 일이 생겼을 거예요. 한 사람의 용기가 수많은 사람의 생명을 구한 거죠.

하지만 광호 씨는 안타깝게도 20년 넘게 다니던 회사를 더 이상 다닐 수 없게 되었습니다. 걱정이 현실이 된 거죠. 그래도 광호 씨는 후회하지 않는다고 해요. 지금은 자기처럼 공익 신고를 고민하고 있는 분들이 공익 신고 후 불이익을 받지 않도록 법을 새롭게 정비하는 일에 애쓰고 있습니다. 그래야 더 많은 사람들이 부당한 일을 겪을까 걱정하는 일 없이 신고를 할 수 있을 테니 말이죠.

　우리나라에는 「공익신고자 보호법」이 있어요. 공익 신고자를 보호하고 지원하여 우리 모두 더 안정되고 투명하고 깨끗한 세상에서 살아갈 수 있도록 만든 법이에요. 이 법이 새롭게 정비되어 더 이상 공익 신고자가 불이익을 받는 일이 생기지 않았으면 좋겠습니다.

'법률 구조'가
뭐예요?

태풍, 지진 등 재난의 현장에 가장 먼저 달려가는 사람이 누구일까요? 바로 응급 구조대죠. 위험한 곳에 빠져 구출을 기다리는 사람들에게 다가가 한 사람, 한 사람 소중한 생명을 구해 내는 응급 구조대의 모습을 보면 정말 대단하다는 생각을 하게 됩니다. 그런데 이런 재난의 현장이 아니더라도 세상에는 여러 위험이 도사리고 있어요.

한 할머니가 법률사무소를 찾았습니다. 사무실에 들어올 때부터 할머니의 표정이 심상치 않았어요. 세상에 모든 걱정과 근심을 가지고 오신 것 같았어요. 할머니의 근심 보따리 속 이야기는 이

우리 곁에 있어야 할 법 이야기

랬습니다.

할머니가 약 20년 전 급하게 돈이 필요해 가깝게 지내는 친구에게 돈을 빌렸고 그 돈을 분명히 다 갚았습니다. 그런데 오랜만에 그 친구가 찾아와서는 빌려준 돈을 갚으라고 했다는 거예요. 그 돈을 그 달까지 갚지 않으면 소송을 하겠다는 으름장까지 놓으면서 말이죠. 오랜만에 만난 친구로부터 이런 이야기를 듣고 할머니는 심장이 두근거려 잠도 잘 수가 없었습니다.

할머니는 과거 돈을 갚을 때 혹시 이런 일이 생길까 걱정이 되어 빌린 돈을 갚았다는 증거로 친구로부터 '영수증'을 받았습니다. 그런데 그 영수증을 보관하다가 언젠가 분실하고 말았죠. 증거가 사라졌으니 그럼 다시 돈을 갚아야 하는 것 아니냐며 결국 이야기 도중 울음을 터트리셨습니다. 정말 '믿는 도끼에 발등 찍힌다'는 속담 같은 상황이었죠. 믿었던 친구로부터 갑자기 이런 일을 당하니 무엇보다 억울한 마음이 더 컸습니다.

누가 영수증을 10년 넘게 보관할 수 있겠어요? 법에는 소멸시효 제도라는 것이 있어요. 자신의 권리를 일정 기간 행사하지 않으면 그 권리는 사라져 버려 더 이상 행사할 수가 없게 되죠. 할머니가 영수증을 보관하지 않았다고 하더라도 10년이 지나 찾아온

우리 곁에 있어야 할 법 이야기

친구가 옛날에 빌린 돈을 갚으라는 황당한 요청을 거절할 수 있도록 해 둔 것이죠.

할머니를 지켜 줄 수 있는 이런 법과 제도가 있어 소송을 해도 이길 수 있다는 말을 듣고서야 할머니의 표정이 점점 밝아졌습니다. 법률 사무소에 무거운 마음으로 왔다가 법률 지식을 듣고는 홀가분한 마음으로 돌아가는 분들이 많습니다. 작은 법률 지식이 수렁에 빠진 분들을 구조할 수 있는 거죠.

돈이 많아 여러 명의 변호사의 도움을 받을 수 있는 분도 있겠지만, 자신의 힘으로 변호사를 찾아가기 어려운 분도 많습니다. 그런 분들이 억울한 일을 당했을 때 구조를 받을 수 있도록 해야 할 텐데요. 그래서 우리나라에서는 1986년 「법률구조법」을 만들었고, 그 법에 따라 경제적으로 어려운 분들도 변호사의 도움을 받을 수 있도록 해 두었어요.

재난의 현장에서 시민들을 구조하는 응급 구조대의 역할이 중요한 것처럼, 수렁에 빠진 시민들을 구조하는 법률 구조도 중요합니다. 억울한 일을 당한 그 누구나 그 수렁에서 벗어날 수 있도록 법률 구조 제도가 더 잘 정비가 되었으면 좋겠습니다.

'동물권'이
뭐예요?

"몸무게가 22톤인 암컷 향고래가 500킬로그램에 달하는 대왕 오징어를 먹고 6시간 뒤 1.3톤짜리 알을 낳았다면 이 암컷 향고래의 몸무게는 얼마일까요?"

갑자기 복잡한 계산 문제를 만나 열심히 계산을 하고 있을지도 모르겠어요. 이 퀴즈의 정답은 '고래는 알을 낳을 수 없다'입니다. 〈이상한 변호사 우영우〉라는 드라마에서 나온 퀴즈인데, 무게에만 초점을 맞추면 문제를 풀 수 없고 핵심을 봐야 한다는 교훈을 우리에게 주고 있어요.

고래 문제를 푼 김에 고래 이야기를 좀 더 해 볼까요? 고래한테도 '권리'가 있을까요? '권리'는 사람에게 있는 것이지 고래 같은 동물에게 무슨 권리가 있냐고 반문할지도 모르겠어요. 요즈음 새롭게 등장하고 있는 '동물권'이라는 말을 들어 보았나요? 동물도 사람과 동등한 생명권을 지니며 불필요한 고통을 피하고 학대를 당하지 않을 권리를 기본적으로 가지고 있다는 개념이에요.

예전에는 사람들이 동물원에 가면 가장 먼저 '돌고래쇼'를 보기 위해 길게 줄을 섰어요. 돌고래들을 수족관에 넣어 놓고 훈련을 시켜 사람들 앞에서 재롱잔치를 하고 사람들은 그 재롱잔치를 보고 웃고 즐겼죠. 그런데 언제부터인가 이 돌고래쇼가 동물권을 침해하기 때문에 중단해야 한다는 목소리가 높아졌어요. 그래서 지금은 대부분의 동물원에서 이런 쇼는 사라지고 다양한 수중동물을 만나는 생태설명회라는 프로그램을 운영하고 있어요.

그렇다면 수족관에서 어렸을 때부터 길러졌던 돌고래들은 어떻게 되었을까요? 그냥 바다로 돌려보내면 될 것 같은데 그게 쉬운 일이 아니라고 해요. 매일 100킬로미터 이상을 수영하는 것이 돌고래의 기본적인 습성인데 오랜 시간 좁은 수조에 갇혀 있다 보니 그런 생태적 습성을 다 잃어버린 거죠. 좁은 수조를 벗어나 바다 앞에 선 돌고래들, 신나게 수영하고 바다를 누비고 다니면 좋

우리 곁에 있어야 할 법 이야기

으련만 그렇지 못하고 주저하고 있는 돌고래의 모습을 생각하면 마음이 너무 아파요.

고래 연구자들은 돌고래를 바다로 보내려면 위치 추적 장치를 달고 일정한 기간 동안 지켜보아야 한다고 주장합니다. 그렇지 않으면 돌고래가 제대로 생존할 수 없다고 해요. 이런 방법으로 차츰차츰 돌고래들을 바다로 돌려보내고 있는데 다행이도 성공하고 있다고 합니다. 그런데 그렇게 바다로 돌려보내지 못한 돌고래들은 수족관에서 쓸쓸하게 죽음을 맞는다고 해요. 2016년부터 2021년까지 6년간 수족관에서 폐사한 돌고래는 25마리나 된다고 합니다.

그렇다면 이 돌고래들은 왜 바다로 돌아가지 못하고 수족관에서 죽음을 맞아야 했을까요? 그건 우리 바다에서 태어난 고래가 아니기 때문이에요. 일본, 러시아에서 온 외래종이라 우리 바다로는 방류가 불가능하다고 합니다. 그렇다고 일본, 러시아로 무작정 돌려보낼 수도 없는 거죠. 이렇게 수족관에 남아 갇혀 지내고 있는 돌고래가 2024년 4월 현재 20마리입니다.

그래서 동물보호단체들은 돌고래를 위해 바다에 일정한 공간을 만들어 살게 하는 '쉼터'가 필요하다고 목소리를 높이고 있어요. 그런데 바다에서 행복하게 살 수 있었던 고래를 잡아 상업적으로 이용한 우리가 그 고래를 다시 바다로 돌려보내 주는 것은 너무나 당연한 일일 텐데, 그 비용 마련이 쉽지 않다고 해요. 돌고래들이 바다에서 마음껏 놀 수 있도록 여러분도 함께 끝까지 관심을 가져 보아요.

우리 곁에 있어야 할 법 이야기

12

'이동권'이
뭐예요?

"태어나서 처음으로 바다를 봅니다. 텔레비전으로만 보았던 바다가 이런 곳이었군요."

몸이 불편해 혼자 힘으로 걸을 수 없는 어느 장애인이 처음 바다를 보고 한 이야기입니다. 동해, 서해, 남해, 삼면이 바다로 된 우리나라에서 바다를 한 번도 보지 못한 장애인이 많은 것이 현실입니다.

누구나 이동할 수 있는 권리가 있지만 그 권리를 모두가 누릴 수 있는 건 아니죠. 다리를 다치거나 아파서 혼자 힘으로 움직이기 어려웠을 때가 있었나요? 보통 학교에는 엘리베이터가 없는

우리 곁에 있어야 할 법 이야기

경우가 많으니 다쳐서 깁스를 하거나 목발을 짚어야 할 때는 학교 계단을 오르락내리락하는 일이 여간 힘든 일이 아니지요. 친구의 부축 없이는 어려울 수도 있습니다. 단 며칠만 이렇게 이동에 제한을 받아도 사람들은 엄청 답답해할 거예요. 왜 학교에는 엘리베이터를 설치하지 않았는지 원망의 소리가 튀어나올지도 모르고요.

장애인은 며칠이 아니라 평생 그 불편을 겪어야 하니 장애인을 위한 법이 필요한 거죠. 「장애인 등 편의법」에는 "장애인 등은 인간으로서의 존엄과 가치 및 행복을 추구할 권리를 보장받기 위하여 장애인 등이 아닌 사람들이 이용하는 시설과 설비를 동등하게 이용하고, 정보에 자유롭게 접근할 수 있는 권리를 가진다."라고 규정하고 있어요. 그러나 현실에서는 이러한 법이 제대로 작동되지 않고 있죠.

비장애인은 마음껏 누리는 이동할 수 있는 권리를 장애인도 누릴 수 있게 해 달라고 본격적으로 목소리를 높인 것이 약 20년 전의 일이에요. 2001년 장애인이 엘리베이터가 없는 지하철역에서 계단 리프트를 이용하다 추락해 사망한 사건이 있고 나서 장애인들은 모든 역에 엘리베이터를 설치해 달라고 요청했어요. 하지만

23년이 지난 지금까지도 부족한 점이 많은 게 현실입니다.

　장애인들은 현실을 바꾸기 위해 보다 적극적으로 목소리를 내기 시작했어요. 거리로 나와 함께 모여 행진하며 장애인들도 비장애인과 같이 동등하게 누려야 할 권리가 있음을 외치고, 부당한 처우와 차별적인 시설의 개선을 요구했어요.

　장애인들의 외침과 노력 덕분에 제도 변화가 이루어지기 시작했습니다. 휠체어를 탄 장애인도 탑승할 수 있는 저상버스가 도입이 되었고, 장애인을 위한 특별 교통수단인 장애인 콜택시가 도입되었죠. 하지만 장애인 콜택시 이용을 위해서는 최소 이틀 전에 예약을 해야 하고, 또 준비된 택시보다 이용을 원하는 사람이 많아 그마저도 경쟁이 치열해서 이용하지 못하는 경우가 많다고 해요. 그러니 아직까지도 장애인의 이동권이 충분히 보장되었다고 할 수는 없을 것 같습니다.

　최근 장애인들의 시위를 두고 여러 의견들이 있습니다. 지하철에 가장 많은 사람들이 몰리는 출퇴근 시간에 장애인들이 지하철에 탑승하여 시위를 하고 있습니다. 그로 인해 지하철이 제 시간에 출발하지 못하다 보니 시민들이 회사나 학교에 늦는 등의 일이 발생하고 있어요. 그렇다 보니 불편을 겪는 시민들이 장애인들의

우리 곁에 있어야 할 법 이야기

시위 방식에 대해 문제 제기를 하기도 합니다. 그런데 정말 장애인들의 시위 방식이 문제일까요? 장애인이 이동할 수 있는 권리를 제대로 누리지 못하는 것이 문제일까요?

'탄핵'이
뭐예요?

　머리가 복잡할 때 다른 일을 하지 않고 무언가를 보면서 생각을 멈추는 것을 '멍 때린다'고 합니다. 활활 타오르는 장작불을 멍하니 바라보는 걸 '불멍', 파도가 치는 바다를 한참 바라보는 걸 '물멍'이라고 하는데요. 여러분은 어떤 '멍'을 즐기나요? 라디오 듣는 것을 즐기면 '라멍'일까요? 보는 게 아니라 듣는 것이지만, 요즘은 '보이는 라디오'도 있으니 꼭 틀린 말은 아닐 거 같네요.

　라디오에서는 음악도 흘러나오지만 뉴스도 들리지요. 어느 날 집에서 '라멍'을 하고 있는데, 함께 있던 아이들이 라디오에서 흘러나오는 소리를 듣고 갑자기 이런 질문을 던집니다.

우리 곁에 있어야 할 법 이야기

"탄핵이 뭐예요? 수업 시간에 '탈핵'은 들어 봤는데, 탄핵은 처음 들어 봐요."

2017년에 대통령이 탄핵당하면서 이 탄핵이라는 단어는 어린이 어른 할 것 없이 전 국민이 알게 되었죠. 2022년에는 행정안전부 장관이 탄핵 심판대에 올랐고, 2023년에는 검사 탄핵안이 국회에서 가결되기도 했어요.

국가의 중요한 일을 처리하기 위해 국민은 그 일을 대표해서 할 일꾼을 뽑습니다. 5년에 한 번씩 대통령을 뽑고, 4년에 한 번씩 국회의원, 도지사, 시장을 뽑죠. 여러분이 학교에서 받는 교육과 관련한 일을 하는 교육감도 4년에 한 번씩 선거로 뽑습니다. 선거로 뽑힌 사람들이 그 일을 잘 해내기 위해 또 각 분야마다 전문가들을 세웁니다. 대통령은 각 해당 부처의 장관을 임명하는데 우리의 안전을 위해서 일하는 사람이 바로 행정안전부 장관이죠.

그런데 안타깝게도 2022년 10월 29일 핼러윈데이에 참사가 발생했습니다. 한 장소에 사람들이 많이 모이면 위험하다는 것을 모르는 사람은 없을 텐데요. 그래서 사람들이 모일 때 발생할 위험을 미리 예상하고 그에 맞는 대책을 세우는 것이 중요합니다. 하지만 그렇지 못해 많은 사람들이 죽고 다치는 일이 서울 한복판에

우리 곁에 있어야 할 법 이야기

서 일어나게 된 것이죠. 시민들은 이렇게 외치기 시작했습니다. "도대체 우리의 안전을 담당해야 하는 행정안전부 장관은 제대로 일을 한 겁니까?"

　바로 이때 우리는 이런 선택 앞에 놓입니다. 첫째, 그래도 우리가 뽑은 대통령이 세운 장관이니 다시 기회를 주자. 둘째, 당장 그만두게 하고 제대로 일을 할 새로운 장관을 세우도록 하자. 현재 우리나라는 당장 그만두게 하는 방법을 제도적으로 갖추고 있어요. 이게 바로 '탄핵' 제도입니다. 탄핵의 사전적 의미는 "죄를 물어 혼을 내 준다."는 뜻인데, 대통령, 장관, 법관 등이 잘못을 했을 때 그 책임을 물어 그 직에서 물러나게 하는 것을 의미합니다.

　수많은 사람이 죽고 다친 참사 앞에서 입이 열 개라도 할 말이 없어야 할 행정안전부 장관이 자신의 책임을 회피하는 말만 하는 상황이 계속되자 2023년 2월 8일 행정안전부 장관에 대한 탄핵안이 많은 국회의원들의 찬성으로 국회에서 통과되었습니다. 이렇게 탄핵안이 통과되면 행정안전부 장관의 업무는 즉시 정지되고, 헌법재판소가 판결을 내릴 때까지 기다려야 합니다. 탄핵은 국민이 뽑은 대통령이 세운 장관을 그만두게 하는 일이라 국회에서의 의결과 헌법재판소의 결정이라는 까다로운 절차를 거치게

합니다.

　행정안전부 장관의 탄핵안은 헌법재판소에서 기각되었습니다. 하지만 우리는 국민의 안전을 책임져야 할 행정안전부 장관이 탄핵 심판대에 오른 상황을 맞이하며 그동안 너무나도 당연하지만 잊고 있던 사실을 다시 한 번 확인하였습니다. 대통령, 국회의원, 장관 이 사람들은 우리가 그저 우러러봐야 할 '높은' 사람이 아니라 우리를 대신하여 가장 '낮은' 자리에서 국가의 일을 맡은 우리의 일꾼이라는 사실입니다. 맡은 일을 잘하지 못하면 언제든지 그 자리에서 물러나도록 탄핵할 수 있는 사람인 것이죠. 이런 탄핵 같은 제도들을 통해 우리 사회가 더 안전하게 변화될 수 있었으면 좋겠습니다.

우리 곁에 있어야 할 법 이야기

'공익 소송'이
뭐예요?

이가 아파 치과에 가서 치료를 받았는데 치료를 받은 이후 이가 더 아파졌다며 호소하는 할아버지가 있었습니다. 할아버지는 치과에 가서 치료가 잘못된 것이 아니냐고 따졌는데, 치과 병원은 치료에는 문제가 없다고 맞섰죠.

치과가 이를 제대로 치료해 주지 않고도 책임을 지지 않는다면, 더 많은 환자가 이 치과에서 억울한 일을 당할지도 몰라요. 그래서 할아버지는 가만히 있으면 안 되겠다고 생각했지요. 그러나 할아버지는 소송을 준비하다가 포기하셨어요.

국민을 보살피고 도와주어야 하는 공무원들이 국민을 돕기는

우리 곁에 있어야 할 법 이야기

커녕 어려움을 알고도 모른 척해 아주 오랜 기간 동안 고통을 당했다고 호소하는 아저씨가 있었어요. 그 아저씨는 국민의 손과 발이 되어야 하는 공무원이 그 역할을 다하지 못해 시민들이 피해를 입은 경우 국가가 책임을 져야 한다는 「국가배상법」에 따라 소송을 준비하다가 포기하셨어요.

치과의 이 치료가 문제라며 억울함을 호소한 할아버지, 자신의 피해를 국가가 책임져야 한다고 호소하는 아저씨는 왜 소송을 포기했을까요? 바로 돈 걱정 때문이었어요. 소송에서 이기면 좋겠지만 소송에서 질 경우 상대방이 이 소송에 대응하기 위해 변호사를 선임한 돈까지 다 물어주어야 하는데, 그 돈을 생각하면 소송을 시작할 엄두를 내지 못하게 되는 거죠.

옳고 그름을 판단하고 누군가의 잘잘못을 가리는 일은 생각보다 쉽지 않아요. 100퍼센트 이길 거라고 확신하는 소송은 존재할 수 없죠. 특별히 병원을 상대로 제기하는 의료 소송, 국가를 상대로 제기하는 국가 배상 소송은 '계란으로 바위 치기'라는 속담처럼 이기는 것이 쉽지 않은 소송이에요. 그러나 소송에서 이긴다면 개인의 억울함을 풀 뿐 아니라 병원과 공무원의 잘못이 밝혀져 더 나은 세상으로 나가는 디딤돌이 되기도 하죠. 그래서 이런 소송을

'공익 소송'이라고 부릅니다.

소송에서 이긴 사람이 변호사를 선임한 비용을 소송에서 진 상대방에게 받아내는 것은 당연한 일일지 몰라요. 그러나 소송을 포기한 할아버지와 아저씨 이야기처럼 그 소송이 더 나은 세상으로 나가는 디딤돌인 공익 소송이라면 조금 다르게 생각해 볼 수도 있겠죠. 그래서 법에는 '원칙'뿐만 아니라 '예외'를 규정하는 것이 중요해요. 공익 소송의 경우에는 소송에서 지더라도 상대방 변호사 비용을 부담하지 않는다는 예외를 두는 것이죠.

돈 걱정 하지 않고 공익 소송을 제기할 수 있는 날이 하루빨리 와서 우리 사회가 좀 더 나아지면 좋겠습니다.

'비례대표 국회의원'이 뭐예요?

　새학기가 시작되면 모든 학교에서는 어김없이 학급회장 선거를 합니다. 학급회장 후보들은 "저를 회장으로 뽑아 주신다면…"으로 시작되는 재치 있는 공약들을 발표하며 자신에 대한 지지를 호소합니다. 여러분은 어떤 공약에 마음이 움직였나요? 여러분이 지지하는 후보가 회장으로 뽑혔나요? 우리 반을 대표하는 회장을 잘 뽑는 것만큼 중요한 국가적인 선거가 있지요. 우리를 대표하는 국회의원을 뽑는 선거입니다.

　국회는 법을 만드는 곳이에요. 법은 우리 곁에 꼭 두어야 할 만큼 우리 삶에 중요한 영향을 끼치는데요. 그렇기에 우리를 대표해

우리 곁에 있어야 할 법 이야기

법을 만드는 국회의원을 뽑는 선거는 참 중요합니다. 그렇다면 법을 만드는 국회의원을 뽑는 선거는 어떻게 진행될까요? 누가 국회의원이 되는가도 중요하지만 국회의원을 뽑는 법에 문제는 없는지 꼼꼼히 살펴볼 필요가 있습니다.

여기서 잠깐! 여러분은 18세 나이 제한으로 아직 국회의원 선거에 참여할 수가 없다는 안타까운 소식부터 전해 드립니다. 하지만 선거 연령이 21세에서 18세로 순차적으로 낮추어졌고, 국회의원이 될 수 있는 연령도 최근 25세에서 18세로 바뀌는 등 청소년의 정치참여의 중요성이 강조되고 있으니 여러분도 국회의원 선거에 더 많은 관심을 기울이면 좋겠습니다.

현재 우리나라 국회의원 의석수는 300석입니다. 국회의원에는 두 종류가 있는데, 지역구 의원과 비례대표 의원이 있습니다. 우리나라는 전국을 254개의 지역으로 나누어 그 지역의 대표를 한 명씩 뽑는데, 이렇게 뽑은 국회의원을 지역구 의원이라고 합니다. 한편 정당의 득표율에 비례해서 의석을 배정하여 46명을 뽑는데, 이들을 비례대표 의원이라고 합니다. 그냥 전국을 300개 지역으로 나누어 한 명씩 뽑으면 될 텐데 왜 굳이 46명의 비례대표 의원을 따로 뽑는 걸까요?

올림픽 경기에서 금메달만큼 은메달, 동메달이 값진 성과인 것처럼 국회의원 선거에서도 1등만이 아닌 2등과 3등도 중요합니다. 그런데 지역구 의원만으로 국회를 구성하다 보면 1등을 한 사람들만 모이게 되고 그렇게 되면 2등 3등을 한 후보를 지지한 시민들의 목소리는 제대로 반영되지 못할 수 있겠지요. 그래서 각 분야에서 전문성을 가지고 있는 46명의 의원을 따로 뽑는 비례대표제도는 소중하고, 그 비례대표 의원을 뽑는 방식을 정하는 것도 정말 중요합니다.

국민을 대표하는 국회의원이 우리의 목소리에 귀 기울이지 않고 자기 마음대로 한다면 그 국회의원은 더 이상 우리의 대표가 될 자격이 없겠죠. 일을 제대로 하지 않는 국회의원을 임기가 끝나기 전에 그만두도록 하는 제도를 '국민소환제'라고 하는데요. 아직 우리나라에는 국회의원을 대상으로는 그런 제도가 없지만 다음 선거에서 그 사람이 또 출마했을 때는 그가 선거에서 떨어지도록 벌이는 '낙선운동'은 법으로 허용하고 있습니다.

우리 사회에서 너나 할 것 없이 국회의원이 되려고 나서는 걸 보면 국회의원은 엄청 힘이 있는 자리인 것 같아요. 하지만 국회의원이란, 그저 4년 동안 우리의 목소리를 대신하는 존재라는 사실을 잊지 않았으면 좋겠어요. 그리고 우리의 대표 국회의원을 뽑는 법이 지금보다 더 좋아질 수 있는 방향도 고민해 봐야겠지요.

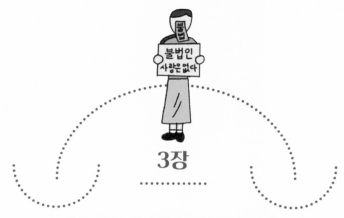

3장

'불법체류자'가 아니라 '미등록 외국인' 이라고요?

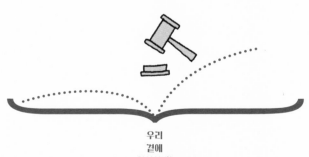

'지구인의 정류장'이
있다고요?

아주 특별한 '정류장'이 있어요. 보통 정류장은 버스나 택시가 머무르기 위해 만든 공간인데 이 정류장은 사람이 머물 수 있도록 만들어졌어요. 특별히 한국에 일하러 온 외국인, 이주노동자 들이 언제든 머물렀다가 갈 수 있도록 말이죠. 이 정류장 이름은 '지구인의 정류장'이에요.

한국에 살고 있는 외국인이 200만 명으로 전체 인구의 4퍼센트가 넘지만, 길에서 외국인을 만나면 아직도 낯설게 느껴지기도 하지요. 그런데 제가 처음 이 '지구인'이라는 단어를 만났을 때는 뭔가 모를 따뜻함을 느꼈어요. '외국인'이라는 단어는 바깥 '외(外)'

우리 곁에 있어야 할 법 이야기

라는 한자의 뜻처럼 인종, 국적의 '다름'이 강조되는데 '지구인'이라는 단어는 태양계의 행성 중 지구라는 행성에 살고 있다는 '같음'이 강조되고 있어서 그런 것이 아닐까 해요.

많은 이주노동자들이 전국 방방곡곡에서 경기도 안산에 있는 '지구인의 정류장'을 찾고 있어요. 그 이유는 아마도 여기에 오면 자신의 이야기를 들어 주고, 기꺼이 한편이 되어 주는 사람들이 있기 때문일 거예요.

일터에서는 여러 가지 일이 일어나요. 좋은 일만 가득하면 좋을 텐데 때로는 괴롭힘을 당하기도 하고, 임금을 제대로 지급받지 못하는 일도 발생하죠. 한국말과 문화에 익숙하지 않은 이주노동자들이 이런 부당한 일을 당했을 때는 더더욱 막막함을 느낀다고 해요. 지구인의 정류장에 모인 이주노동자들은 이런 문제들을 함께 해결해 가고 있어요.

물론 우리나라 법은 한국에 일을 하러 온 이주노동자들이 일터에서 차별받지 않도록 정해 두고 있어요. 노동자들이 일터에서 받는 임금의 최하한선을 정한 최저임금도 이주노동자들에게 차별 없이 적용되고 있고 이주노동자라는 이유로 부당하게 차별해서는 안 된다는 법 규정도 따로 정해 두었죠. 법은 엄연히 그렇게 되어 있지만 현실에서는 아직 많은 차별이 존재하고 있다고 해요.

특별히 이주노동자에게 가장 억울한 일은 임금을 제대로 받지 못하고 고향으로 돌아갈 때일 거예요. 지구인 정류장에서 일하는 사람들은 이주노동자들이 못 받은 임금을 제대로 다 지급받고 고향으로 돌아갈 수 있도록 돕는 일도 하고 있습니다.

외국인은 자신들이 원한다고 해서 대한민국에서 일을 하지 못해요. 대한민국 정부가 허가하고 지정해 준 사업장에서만 일을 할 수 있어요. 그렇다면 그 사업장에서 일을 하다가 임금을 못 받았을 때는 그 또한 대한민국 정부가 책임을 지고 해결해 주어야 하지 않을까요?

임금을 사용자로부터 지급 받을 때까지 이주노동자들이 한국에서 계속 일을 하며 머물 수 있도록, 그리고 끝끝내 받지 못한 임금은 대한민국 정부가 사용자 대신 지급하도록 하는 법이 제정될 필요가 있습니다. 여러분도 관심을 갖고 함께 응원해 주었으면 해요.

이주민에게
불법체류자라고 하면
죄가 되나요?

초등학교 때 일이에요. 부모님의 직장 때문에 정든 마을을 떠나 낯선 마을로 이사를 가게 되었고, 학교도 옮겨야 했어요. 하지만 지금껏 지냈던 친구들과 헤어진다는 아쉬움보다는 새로운 친구들을 만날 수 있다는 설렘이 더 컸어요. 그런데 기대와 달리 새로 간 마을과 학교에서는 서먹서먹한 시간을 보내야 했어요. 그 시간이 그리 유쾌하지만은 않았는데, 그래도 먼저 다가와 준 친구들이 있어 그 시간을 잘 이겨 낼 수 있었습니다.

우리는 같은 나라에서 지역만 바뀌어도 적응하는 데 시간이 필요하고 뜻밖의 어려움을 겪기도 합니다. 그런데 만약 다른 나라로

우리 곁에 있어야 할 법 이야기

옮겨야 한다면 얼마나 힘든 일이 많을까요. 생각만 해도 아찔해져요. 자신의 나라에서 태어나 그곳에서 살아가는 '선(先)주민'들은 다른 나라에서 자신들 나라로 와서 사는 사람을 '이주민(移住民)'이라고 부르죠.

크리스티나 씨도 그런 이주민입니다. 아프리카에 있는 라이베리아라는 나라에서 왔어요. 한국으로 이주 와서 적응하기까지 많은 시간이 걸렸는데 2016년에는 억울한 일까지 당했습니다. 그때 겪은 일을 떠올리면 지금도 속상한 마음이 든다고 해요. 어느 날 버스를 탔는데 어떤 아저씨가 크리스티나 씨를 불쾌하게 하는 행동을 했습니다. 함께 타고 있던 승객들이 아저씨를 말리니 이번에는 크리스티나 씨를 가리키며 "얘네들 여기 있는 거 불법이다."라고 말했죠. 크리스티나 씨는 결혼비자를 받아 합법적인 자격을 가지고 한국에 10년 넘게 살고 있었는데 '불법'이라는 말을 들은 것이 두고두고 속상했다고 해요.

크리스티나 씨는 이 불쾌한 일을 마음에만 꾹꾹 담고 있지 않았어요. 이주민으로서 자신의 경험을 나눌 수 있는 자리에서 용기 있게 그 이야기를 꺼냈죠. 마침 제가 그 자리에 있었고 크리스티나 씨를 돕기 위해 법적 절차를 시작할 수 있었어요. 많은 분들이 이 과정을 함께했고 꼬박 2년이라는 시간이 걸려 두 가지 판결을 이끌었어요.

> 첫째, 이주민을 가리키며 다짜고짜 '불법체류자'라고 말하는
> 건 「형법」상 '모욕죄'로 처벌!
> 둘째, 나쁜 말로 이주민의 마음을 아프게 하면 위자료를 지급
> 하여 손해를 배상해야 한다!

이 판결이 나온 후 크리스티나 씨의 인터뷰가 신문에도 실렸습니다. 그녀는 "인종차별과 싸우는 모든 사람들의 승리입니다. 저처럼 한국에서 피해를 본 외국인들이 용기를 가지고 문제를 제기했으면 좋겠습니다."라는 이야기를 남겼어요. 이제는 많은 외국인들이 부당한 차별과 혐오 행동에 대해 용기를 가지고 문제 제기를 하고 있어요.

미얀마에서 한국에 공부를 하러 온 팻승 씨가 "불법체류자들다 추방하라."는 말을 듣는 일이 있었고, 코로나19가 한창일 때 방글라데시 아버지와 한국인 어머니 사이에 태어난 어떤 분이 편의점에서 "야! 코로나!"라는 혐오스러운 이야기를 듣는 일도 있었

어요. 이들은 크리스티나 씨처럼 용기를 내어 문제 제기를 했고 그렇게 말한 사람들은 모두 처벌을 받게 되었습니다.

크리스티나 씨의 용기 있는 외침으로 이런 말이 잘못이라는 것이 알려져서 참으로 다행이에요. 그리고 이제는 더 큰 희망을 가지게 됩니다. 이주민보다 조금 일찍 이 땅에 거주하기 시작한 선주민들이 인종, 피부색, 언어의 다름을 '틀림'으로 생각하거나 차별의 이유로 삼지 않는 날이 하루빨리 왔으면 좋겠습니다.

비하하는 말이
죄가 될 수 있다고요?

많은 사람들이 공감하는 고민이 있지요. 중국집에 가서 메뉴판을 마주하면 한번쯤 이런 고민을 하게 됩니다. 짜장면을 먹을까, 짬뽕을 먹을까? 아니면 볶음밥을 먹을까? 그러다 문득 이런 말이 튀어나오죠.

"결정장애인가? 예전에는 안 그랬는데 요즘 결정을 잘 못하겠어…."

무심코 사람들이 내뱉는 '결정장애'라는 말을 들어 보거나 사용한 적이 있나요? 우리는 '장애'라는 단어를 부정적인 의미로 사용하는 경우가 많아요. '장애'가 있다는 것을 정상이 아니라 비정

우리 곁에 있어야 할 법 이야기

상이라고 생각하며 '장애인'의 반대말을 '정상인'이라고 부르기도 하죠. 그런데 이런 표현과 말이 장애인에게는 매우 큰 상처가 된다고 해요.

몇 년 전부터 이런 표현을 쓰지 말자는 목소리가 높았어요. 장애를 정상과 비정상의 개념으로 구분하는 것은 옳지 않으니 '정상인'이 아니라 '비장애인'이라고 쓰기 시작했죠. 그리고 '외눈박이(한쪽 눈이 먼 사람을 낮잡아 이르는 말)', '절름발이(한쪽 다리가 짧거나 다쳐서 몸이 한쪽으로 자꾸 기우뚱거리는 사람을 낮잡아 이르는 말)', '병어리(언어 장애인을 낮잡아 이르는 말)' 같은 장애인을 비하하거나 모욕하는 말도 사용하지 말자고 했어요.

그런데 장애인을 비하하거나 모욕하는 표현을 자주 사용하는 사람들이 문제가 되었어요. 바로 정치인들이었어요. "내 편만 챙기는 외눈박이 대통령이 되어서는 안 됩니다." 등 정치인이 다른 정치인을 비난할 때 이런 표현을 많이 사용하다 보니 국가인권위원회가 나서서 국회의장에게 재발 방지 대책을 마련하라는 의견을 내기도 했어요. 그게 2019년 11월이었어요.

그러나 정치인들의 장애인을 모욕하는 표현은 계속되었죠. 장애인들은 국가인권위원회의 결정이 제대로 지켜지지 않은 것을

우리 곁에 있어야 할 법 이야기

그냥 두고 볼 수 없다고 생각했습니다. 그래서 2021년 4월 20일 '장애인의 날'을 맞이하여 소송을 제기했어요. 장애인 비하 발언을 한 국회의원들과 재발 방지 대책 마련에 아무런 노력을 기울이지 않은 국회의장이 소송 대상이었습니다.

국회에서 만든 법 중에 「장애인 차별 금지법」이 있어요. 이 법에는 모욕감을 주거나 비하를 유발하는 언어적 표현이나 행동을 해서는 안 된다는 내용이 담겨 있죠. 시민들에게 지키라고 이런 법을 만들고는 정작 국회의원 자신들은 그 법을 지키지 않는 건 그냥 넘어갈 수 있는 문제가 아니죠. 안타깝게도 법원은 그 비하 발언이 특정 장애인을 상대로 한 것은 아니라서 불법이 아니라고 판단했어요. 다만 다행스러운 건 이 소송 제기로 정치인들의 장애인 비하 발언이 많이 줄어들었다는 거예요.

이 사건 소송 당사자이면서, 장애인권 활동가인 주성희 씨는 이런 말을 했습니다.

"사소한 말이 누군가에게는 큰 상처를 주고 누군가의 마음속에 깊이 남습니다. 모두가 상처받지 않고 모두가 상처 주지 않는 사회를 저는 원합니다."

매년 4월 20일은 장애인의 날입니다. 이날이 장애인들이 투쟁하는 날이 아니라 비장애인과 장애인이 모두 함께 모여 축제를 벌이는 날이 되기를 기대해 봅니다.

우리 곁에 있어야 할 법 이야기

19 '불법체류자'가 아니라 '미등록 외국인'으로 바꿔야 한다고요?

법을 지키지 않고 있다는 것을 간단하게 '불법'이라고 표현해요. 법을 어겨 다른 사람에게 피해를 입히는 행동을 '불법 행위'라고 하고, 불법 행위로 인해 다른 사람에게 입힌 피해를 배상할 책임을 '불법 행위 책임'이라고 부르죠. 그런데 이 '불법'이라는 단어를 사람 앞에 붙이는 경우가 있는데 바로 '불법체류자'라는 말이에요.

나라와 나라 사이에 국경이 없었던 시절에는 이 나라, 저 나라를 그냥 마음대로 옮겨 다닐 수 있었을 텐데, 언제부터인가 나라마다 선을 긋고 마음껏 넘나들지 못하게 막아 두었어요. 선주민들은 새롭게 찾아오는 이주민들을 자신들의 지역에 머물 수 있는 사람과 그렇지 못한 사람으로 구분하기 시작했어요. 지역에 머물 수 있는 자격, 바로 '체류 자격', 영어로는 비자를 법으로 정하게 되었어요.

우리나라도 모든 국민과 외국인이 국경 안으로 들어오고, 국경 밖으로 나가는 것을 관리하기 위해 법을 마련해 두었습니다. 그 법 이름이 「출입국관리법」이에요. 이 법에는 이주민들이 대한민국에 체류할 수 있는 '체류 자격'의 종류를 정해 놓았어요. 그중 이 땅에서 특별한 사정이 없는 한 영원히 머물 수 있다는 의미로 주어지는 체류 자격이 바로 '영주권'이에요. 그런데 다른 체류 자격은 기간이 정해져 있죠.

우리나라에서는 여행으로 머무는 이주민에게는 90일, 공부를 하기 위해 머무는 이주민에게는 1년, 일을 하기 위해 머무는 이주민에게는 3년의 체류 자격을 줍니다. 이렇게 이주민에 대해 출입국 허가를 증명해 주는 것을 비자라고 해요.

이렇게 기간이 정해진 체류 자격은 기간이 끝나기 전에 연장을 하지 않으면 사라져 버려요. 그런데 사람의 일이란 꼭 계획한 대로만 되지는 않는 법. 여행을 왔다가 갑자기 몸이 아프거나 다른

우리 곁에 있어야 할 법 이야기

일이 생겨 90일을 넘겨 버릴 수도 있어요. 3년 동안 일을 열심히 했는데, 그동안 일한 임금을 제대로 받지 못해 고국으로 돌아가지 못하고 계속 머무를 수밖에 없는 경우도 있어요. 비자 기간이 끝났지만 연장을 하지 못한 이주민들의 이야기를 들어 보면 정말 다양한 이유가 있어요. 학교에 지각한 친구들의 지각 이유가 저마다 다른 것처럼 말이죠.

이유가 어떠하든 비자 기간이 끝났는데 연장을 하지 않고 계속 머무르는 건 「출입국관리법」을 위반한 것이 맞아요. 그렇다고 「출입국관리법」을 위반한 자체가 바로 누군가에게 피해를 주는 건 아니에요. 그런데 어떤 조치도 없이 그런 사람 앞에 '불법'이라는 단어를 붙여 '불법체류자'라고 불러요. 하지만 '불법'이라는 말은 이주민에 대해 안 좋은 생각을 심어 줄 수 있기 때문에 '미등록 외국인(이주민)'으로 바꿔 불러야 한다는 목소리가 높아요.

10대 청소년들이 한 이주민을 집단으로 폭행한 일이 있었어요. 그들은 불법체류자를 잡아야겠다는 생각에 폭행에 이르렀다고 말했어요. 어떤 이유에서도 폭행은 정당화될 수 없는데, 이 사건에 대해 들은 사람들은 생각이 갈라졌어요. '불법체류자이니 이런 일을 당해도 어쩔 수 없고 빨리 강제로 출국시켜야 한다'와 '피해

우리 곁에 있어야 할 법 이야기

자가 잘 치료받고 피해가 완전히 회복될 때까지는 한국에 머물 수 있도록 해 주어야 한다'는 목소리가 팽팽하게 맞서고 있죠.

대한민국에 살고 있는 이주민은 200만 명이 넘었고 점점 더 많아질 거예요. 그리고 우리는 누구나 이주민이 될 수 있습니다. 외국에 여행을 가거나 공부하러 가거나 일을 하러 갈 수도 있지요. 어려운 문제이지만 한번쯤 진지하게 고민해야 할 문제라고 생각합니다.

우리 곁에 있어야 할 법 이야기

인종차별은
죄라고요?

영국에서 선수 생활을 하고 있는 손흥민 선수의 축구 경기를 본 적이 있나요? 선수들의 유니폼을 찬찬히 보면 이런 문구가 적혀 있어요. "No room for racism". '인종차별(racism)이 머물 공간(room)은 없다'로 해석됩니다.

다양한 나라 출신 선수들이 뛰고 있는 영국에서 인종차별을 당하는 선수들이 많이 있는데, 손흥민 선수도 예외는 아니었어요. 현장에서 축구 경기를 보던 한 영국인이 손흥민 선수를 향해 인종차별적 몸짓을 한 일이 발생했는데요. 영국 법원은 그 사람에 대해 벌금, 사회봉사명령과 덧붙여 3년 동안 모든 축구 경기장에 출

우리 곁에 있어야 할 법 이야기

입을 금지하는 처벌을 내렸다고 합니다.

매년 3월 21일은 유엔(UN) 총회가 정한 '세계 인종차별 철폐의 날'입니다. 유엔은 인종차별이 이 세상에서 사라지도록 1966년부터 날을 정해 지키고 있는데요, 1960년 3월 21일 남아프리카공화국에서 일어났던 비극적인 사건 때문에 이런 날을 특별히 정했다고 해요.

아프리카의 가장 남쪽에 위치한 남아프리카공화국에서는 1950년 '피부색이 하얀 사람이 최고'라는 인종차별 정책을 펼치기 시작했습니다. 하얀 피부색을 가진 사람들이 사는 동네에는 다른 피부색을 가진 시민들은 발을 디디지도 못하게 했죠. 1960년 이에 반발한 시민들이 '샤프빌'이라는 지역 경찰서 앞에 모여 평화시위를 벌였습니다. 그런데 정부는 이들에 무력으로 대응하여 69명의 시민들이 사망하고 수백 명이 다치는 일이 벌어졌어요.

세계 시민들의 노력으로 '피부색'이 다르다는 이유로 차별하는 정책은 많이 사라졌지만, 아직도 인종, 국적, 출신 지역에 따른 차별은 우리 사회 곳곳에 존재하고 있어요. 경기도 안산이라는 지역은 10명 중에 1명이 외국 국적을 가진 사람들이 살고 있는데요. 이곳에서 차별을 받고 있는 외국인들의 이야기는 너무나 많습니다.

씨름선수 김웬디도 그중 한 명이었습니다. 부모님은 아프리카 콩고 국적이지만 웬디는 한국에서 태어나 자랐습니다. 어렸을 때부터 씨름을 좋아해서 씨름선수의 꿈을 가지게 되었어요. 그런데 씨름 전국대회 참가 자격이 한국 국적을 가진 아동으로 제한되어 있다는 것이 걸림돌이었죠. 초등학교 6학년인 웬디가 씨름선수의 꿈을 포기해야 한다는 안타까운 소식을 접한 시민들은 이런 차별 규정을 없애라고 목소리를 높였습니다. 드디어 웬디는 2023년 7월부터 꿈에 그리던 대회에 참석할 수 있게 되었답니다. 이런 차별은 웬디만의 문제가 아니었어요. 경기도에서 13세~24세 청소년들에게 교통비를 지원하는 제도를 실시했는데 한국 국적이 아닌 청소년은 지원받을 수 없었죠. 이런 차별도 없애야 한다는 목소리가 모아졌고, 2024년부터는 외국 국적 청소년도 지원을 받을 수 있게 되었어요.

이제 우리 사회도 다양한 국적의 사람들이 모여 살고 있어요. 영국에서 손흥민 선수가 인종차별을 당했다는 소식에 분노를 뿜어내는 만큼, 우리 사회에서 벌어지고 있는 외국인에 대한 차별 행위에 대해서도 적극적인 관심을 가지면 좋겠습니다. 피부색, 국적과 상관없이 그들도 우리와 함께 사는 이웃이니까요.

우리 곁에 있어야 할 법 이야기

실수로 일어난 일인데
처벌을 받나요?

'까마귀 날자 배 떨어진다'라는 속담을 들어 본 적 있나요? 배 나무에 앉았던 까마귀가 날아가려는 순간 우연히 배가 떨어졌는데 그걸 본 농부는 까마귀가 배를 쪼아서 떨어진 줄 아는 거죠. 까마귀 입장에선 정말 억울할 일일 텐데 그 상황을 또박또박 농부에게 설명하는 건 쉽지 않을 것 같아요. 누군가 까마귀 입장에서 농부에게 잘 설명을 해서 까마귀의 오해를 풀어 주면 좋았겠다는 생각이 들어요.

2018년 가을, 경기도 고양시에 있는 지하 기름 탱크가 폭발하는 큰 사고가 있었어요. 왜 이런 사고가 발생했는지를 확인하는

우리 곁에 있어야 할 법 이야기

과정에서 풍등을 날린 외국인 노동자가 용의자로 경찰에 체포되었습니다. 이 소식을 들은 저는 '까마귀 날자 배 떨어진다'라는 속담이 떠올랐고, 체포당한 외국인 노동자를 만나러 경찰서로 달려 갔죠.

스리랑카에서 한국으로 일하러 온 디무두 씨는 지하 기름 탱크 근처 터널 공사 현장에서 일하다가 숲에 떨어져 있는 풍등을 주웠어요. 풍등을 날리며 소원을 비는 것을 한국 드라마에서 본 적이 있었는데 마침 풍등을 보니 고향에 있는 부모님이 생각났어요. 그래서 자주 볼 수 없는 부모님의 건강을 기원하며 풍등을 날린 거죠.

풍등의 불씨가 지하 기름 탱크의 폭발을 일으킨 데는 여러 우연이 겹쳤어요. 하필 바람의 방향이 근처 기름 탱크로 향했고, 원래는 완전히 꺼져야 바닥으로 떨어지는 풍등이 특이하게도 그날은 불씨가 남은 채로 떨어진 거죠. 그것도 지하 기름 탱크 11미터 옆에요. 게다가 탱크 주변에는 어제 깎은 잔디가 흩뿌려져 있었고, 바로 그 잔디가 풍등의 불씨를 11미터 옆 지하 탱크까지 옮겼죠. 당일 그 기름 탱크는 기름을 채워 주변 공기 중에 기름방울이 둥둥 떠 있었던 상황에다가 결정적으로 그 어떠한 불씨도 지하

기름 탱크로 들어가지 못하게 막아야 할 안전망마저 뜯겨져 있었어요.

풍등의 불씨가 폭발 사고의 원인이 된 것은 맞지만 여러 우연이 겹쳐 일어난 사고이기에 폭발의 모든 책임을 디무두 씨에게 지우는 건 가혹하다는 생각을 했어요. 배나무에 잠깐 앉았다 억울한 오해를 받은 까마귀처럼 디무두 씨에게 억울한 일이 없기를 바라는 마음으로 시작한 변론은 3년이 걸렸고, 그 과정이 쉽지 않았어요.

경찰은 이런 의심을 했어요. 디무두 씨가 풍등 불씨 때문에 잔디가 타고 있는 걸 알면서도 119에 신고하지 않았다는 것이죠. 디무두 씨는 절대 아니라고 했지만 경찰은 그 말을 믿어 주지 않았어요. "거짓말 하는 것 아니냐."는 말을 계속해서 했어요. 디무두 씨가 잔디가 불타고 있는 것을 알았다는 증거가 전혀 없는데 계속 거짓말쟁이로 몰아가는 건 잘못된 일이었습니다. 그래서 국가인권위원회에 문제 제기를 했어요.

실수(失守)로 불(火)을 내면 '실화죄(失火罪)'로 처벌을 받게 되요. 그런데 큰 실수로 불을 내면 여기에 무거울 '중(重)'이 하나 더 붙어서 중실화죄(重失火罪)로 더 엄격한 처벌을 받아요. 경찰은 디무두 씨가 잔디가 타고 있는 걸 알면서도 119에 신고를 하지 않았다며 중실화죄로 처벌하려고 했습니다. 하지만 다행히도 디무두 씨는 실화죄로만 처벌받았어요. 그리고 국가인권위원회에서는 아무 근거 없이 디무두 씨를 거짓말쟁이로 몰아붙인 경찰에 대해 잘못을 지적하고 다음부터 그렇게 하지 않도록 교육을 받도록 했어요.

3년의 수사와 재판 과정을 마치고 디무두 씨는 스리랑카로 돌아가며 이런 말을 남겼어요

"오늘 출국하는 날인데 그동안 많이 도와주고 같이 있었던 여러분들 너무 고맙습니다. 잘못된 거 있으면 미안합니다. 사랑해요."

우리는 모두 실수할 수 있습니다. 그 실수에 대해 책임도 져야해요. 하지만 실수로 인한 잘못보다 더 무거운 벌을 받는 건 부당하죠. 디무두 씨를 공항까지 배웅하고 돌아오는 길에 다시금 깨달았습니다. 법이란 억울함을 막아 내기 위해 존재한다는 것을요.

4장

·········

휴식을
위해서도
법이
필요하다고요
?

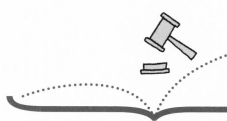

우리
곁에
있어야 할
법
이야기

비닐하우스가
기숙사라고요?

여러분에게 '집'은 어떤 공간인가요? 국어사전에서는 집을 이렇게 정의하고 있어요.

"사람이나 동물이 추위, 더위, 비바람 따위를 막고 그 속에 들어 살기 위하여 지은 건물."

집은 모든 사람에게 그런 곳이어야 해요.

고국을 떠나 우리나라에서 일을 하는 이주노동자들에게 집은 더 소중해요. 한국에 와서 일하는 4년 10개월 동안 바로 그 집에서 의식주를 해결해야 하거든요. 4년 10개월은 고용허가제에 의해 이주노동자가 우리나라에서 머물 수 있는 최대한의 기간입니

우리 곁에 있어야 할 법 이야기

다. 그런데 이주노동자들은 월급만으로는 집을 마련하기가 쉽지 않습니다. 그래서 사장이 제공해 주는 기숙사에서 살아가는 경우가 많아요. 다른 집보다 저렴하고 집과 일터를 오가는 교통비를 절약할 수 있기 때문이에요.

그런데 이주노동자들의 집 문제가 계속 뉴스에 오르락내리락하고 있어요. 사장이 제공하는 기숙사가 도저히 '집'으로 부를 수 없을 만큼 열악한 경우가 많기 때문이에요. 기숙사라고 하니까 대학교의 기숙사 같은 건물을 생각할지 모르지만, 실제 외국인 노동자들에게 제공되는 기숙사는 가건물이거나 심지어 비닐하우스인 경우도 있어요. 겨울에 추위를 막아 주어야 하는 집이 한파에 속수무책이고, 비바람을 막아 주어야 할 집이 태풍과 홍수에 침수되는 일이 자주 일어나고 있어요.

그러다 보니 몇 년 전부터 이주노동자를 위한 인권 단체에서 "비닐하우스는 집이 아니다."를 외쳤어요. 비닐하우스는 식물 재배를 위해 임시적으로 설치한 시설물인데 그곳을 집으로 제공해서는 안 된다는 것이죠. 그렇게 목소리를 높였지만 눈에 띌 만한 변화는 일어나지 않았어요. 2019년 「외국인 근로자의 고용 등에 관한 법률」이 제정되어 '외국인 근로자에게 기숙사를 제공하는 경우에는 건강과 안전을 지킬 수 있도록 하여야 한다'고 법적 규정을 했지만 현실을 바꾸기에는 역부족이었어요.

그러다가 2020년 12월, 안타까운 일이 있었어요. 캄보디아에서 온 이주노동자 한 분이 비닐하우스 기숙사에서 생을 마감한 것이에요. 4년 넘게 일하고 집으로 돌아가는 비행기 티켓까지 구입한 상태에서 추운 겨울 비닐하우스에서 쓸쓸하게 죽음을 맞이한 이주노동자의 사연이 전해지자 모두 마음이 얼어붙는 것 같았어요.

조사 결과 건강과 안전을 지킬 수 없는 기숙사가 이주노동자에게 제공된 사실이 확인되었어요. 4년 넘게 열악한 환경에서 생활하다가 일어난 이 비극적인 사건은 다행히 '산업재해'로 인정되어 가족들은 보상금을 지급 받을 수 있었어요. 이후로 이런 죽음이 더 이상 있어서는 안 된다는 마음이 모여 시민들이 더 큰 목소리를 내기 시작했어요.

시민들의 목소리가 더해지자 이주노동자의 집에 변화가 생기기 시작했습니다. 안전한 기숙사를 제공해 주지 않는 사장은 이주노동자를 고용하지 못하도록 하는 정책을 정부가 적극적으로 펼치기 시작한 거죠. 기숙사를 개선하고 싶지만 비용 마련이 어려운 사장에게는 정부가 금전적인 지원을 해 주기도 하고 이주노동자를 위한 공동기숙사를 짓는 일도 추진되고 있어요.

이주노동자들이 무더위와 추위에도 안전한 집에서 생활할 수 있도록, 건강하고 안전하게 한국에서의 삶을 누릴 수 있도록 여러분도 함께 응원해 주세요.

'직장 내 괴롭힘'을 금지하는 법이 있다고요?

여러분은 하루라는 시간 동안 누구와 가장 오랜 시간을 보내나요? 학년이 올라갈수록 학교에 있는 시간이 늘고 자연스럽게 친구들과 가장 오랜 시간을 보내게 되겠죠. 학교라는 울타리를 벗어나면 일터에서 만나는 동료들과 보내는 시간이 늘어나게 된답니다.

가장 오랜 시간을 함께 보내는 사람들과 알콩달콩 행복한 시간을 보내면 참 좋을 텐데, 불편하고 어려운 시간을 보내는 일이 생길 수 있어요. 사람들이 모여 있는 곳이면 그 어디나 서로 티격태격하는 일이 있을 수 있어요. 그건 자연스러운 일이죠. 하지만

우리 곁에 있어야 할 법 이야기

그런 갈등이 지속되다 보면 심각한 폭력을 불러일으키기도 하죠. '학교폭력'이라는 독버섯이 학교에서 피어나는 것처럼, 일터에서도 '직장 내 괴롭힘' 문제가 점점 심각해지고 있습니다.

간호사로 일하는 손미영 씨가 있습니다. '행동하는 간호사회' 회원이기도 해요. 2020년 겨울 손미영 씨를 처음 만났는데, 그 당시 그녀는 안타깝게도 '직장 내 괴롭힘'을 당하고 있었고, 저희에게 도움을 요청하여 함께하게 되었어요. '직장 내 괴롭힘'을 해결하기 위해 의기투합을 하게 된 것이죠.

손미영 씨는 여러 병원에서 오랜 기간 일을 한 베테랑 간호사예요. 문제가 생긴 건 새롭게 일을 시작한 병원에서였어요. 환자들을 함부로 대하고 심한 말을 하는 간호과장의 나쁜 언행을 목격하게 된 손미영 씨는 그냥 넘길 수 없는 문제라고 생각하여 개선을 요청했어요. 그런데 문제가 개선되기는커녕 그날 이후부터 간호과장과 직장 동료들의 따돌림이 시작되었어요. 그 시간을 견디기가 괴로웠지만 그래도 개선을 요청한 자신의 행동이 옳다는 믿음으로 버텼습니다. 하지만 시간이 지나도 직장에서의 상황은 나아지지 않았어요.

손미영 씨는 이 문제를 병원 대표 의사인 원장에게 알려 해결

우리 곁에 있어야 할 법 이야기

을 요청했어요. 학교 선생님처럼 해결사가 되어 줄 것이라는 기대 감을 가지고 말이죠. 그런데 병원 원장은 해결사 역할은커녕 오히 려 손미영 씨가 환자들을 돌보는 일을 아예 못하게 해 버렸죠.

손미영 씨는 병원에서 환자들의 인권이 제대로 보장되지 않은 문제의 개선을 요구한 것입니다. 이는 '상'을 받아야 마땅한 일이 죠. 그런데 오히려 '직장 내 괴롭힘'이라는 벌을 받는 건 너무나 비 상식적이죠. 더구나 해결사 역할을 해야 하는 병원 원장이 오히려 불이익을 주는 일을 서슴없이 한다는 건 우리의 얼굴을 화끈거리 게 합니다.

손미영 씨는 이 괴로운 과정을 묵묵히 이겨 냈습니다. 지금은 이런 용기 있는 행동을 고민하고 있는 여러 간호사들과 함께 환 자들의 건강권 보호를 위한 활동을 펼치고 있습니다. 다행스럽게 도 병원 원장에게 받은 불이익이 잘못되었다는 것도 뒤늦게나마 국가로부터 인정받았어요. 그리고 환자들의 인권을 존중하지 않 은 병원의 비리도 적나라하게 드러나 해당 병원은 이후 국가의 개입하에 환자들을 더 존중하고 배려하는 병원으로 탈바꿈되었 습니다.

참고로 2019년 7월 16일부터 「직장 내 괴롭힘 금지법」이 시행되고 있습니다. 직장 내 괴롭힘을 한 회사의 대표인 사용자는 최대 1000만 원의 과태료, 직장 내 괴롭힘 신고자에게 불이익을 준 사용자는 3년 이하의 징역 또는 3천만 원 이하의 벌금에 처하도록 규정되어 있습니다.

우리 곁에 있어야 할 법 이야기

사장과 노동자가 함께
결정해야 한다고요?

"이번 휴일에는 뭐할까?"

휴일이 다가오면 매번 고민되는 질문이에요. 가족 중에 누군가 한 명이 결정한다면 또 누군가는 동의하지 않을 수도 있죠. 그래서 저는 이런 방법을 쓰고 있어요. 각자 하고 싶은 것을 2가지씩 이야기하고 투표를 통해 가장 많은 표를 얻은 2가지를 휴일에 해보는 거죠. 혼자 고민하고 결정했던 이전과 비교할 때 가족 구성원들의 불만이 훨씬 줄어들었어요. 다 함께 고민하고 투표로 결정하는 이런 방식을 일터에서도 적용할 수는 없을까요?

요즈음 일터에서 어려움을 당했다고 변호사나 노무사에게 도

우리 곁에 있어야 할 법 이야기

움을 요청하는 분들이 많아요. 여러 어려움을 당한 분들이 "우리 사장님 나빠요!"라는 말을 하는 걸 계속 듣다 문득 이런 질문이 생겼어요.

"일터에서는 왜 모든 걸 사장이 혼자 결정할까?"

누군가 혼자 결정하는 일터의 모습이 원래부터 그랬던 것은 아니에요. '품앗이'라는 말을 들어 본 적이 있지요? 농촌에서 서로 일손을 돕는 아름다운 문화인데 혼자서 하기 힘든 농사일을 서로 힘을 모아 하는 것이지요. 그런 일터에서는 누군가 혼자 결정하는 것이 아니라 다 함께 머리를 맞대어 계획을 세우고 문제 해결책을 찾는 게 너무나 자연스러웠어요.

그런데 다 함께 일하는 일터가 '돈을 가지고 일을 시키는 사람(자본가)'과 '일을 하고 돈을 받는 사람(노동자)'으로 나뉘면서 모든 결정은 다 자본가가 하고 노동자는 자신이 일한 대가인 임금을 자본가로부터 받는 구조가 되어 버렸죠. "임금은 노동을 달콤하게 한다." 약 400년 전 네덜란드 자본가의 일기장에서 발견한 이 문장이 변화된 일터의 모습을 잘 드러내는 것 같아요.

모두가 함께 모여 고민하고 결정했던 일터라는 공간이 사장 혼자서 결정하는 곳으로 바뀌자 일터는 돈이 가장 중요한 곳이 되어

버렸어요. 사장은 '돈'을 많이 벌기 위해, 노동자는 '돈'을 더 많이 받기 위해, 그저 '돈'이면 모든 것을 다 해결해 줄 것처럼 보였지만 결국 피해를 입는 쪽은 노동자들이었죠.

사람의 생명과 안전마저 돈보다 뒷전으로 밀리게 되면서 일터에서 다치고 죽는 사람들이 생기기 시작했어요. 특별히 우리나라는 하루 평균 2명 이상의 노동자가 출근을 했다가 퇴근을 하지 못하고 사망하는 일이 발생합니다. 일터에서 부상을 입는 일은 그보다 훨씬 많이 일어나고 있고요.

노동자들은 어느 순간 "임금은 노동을 달콤하게 한다."라는 말이 새빨간 거짓말이라는 것을 깨닫게 되었어요. 그리고 이렇게 외치기 시작했어요. "사장 혼자가 아닌 노동자와 함께 결정해야 한다!" 그래서 약 100년 전 독일에서 세계 최초로 사장과 노동자 들이 함께 결정하는 '노사 공동 결정 제도'가 만들어졌고 세계 여러 나라에서 그런 제도가 운영되고 있어요.

2021년 우리나라에서도 「공공기관 노동이사제」라는 법이 만들어졌어요. 시민들의 삶과 직결되는 공공기관만큼은 그 일터에서 일하는 노동자들의 의견이 적극 반영되도록 기관의 중요한 결정을 하는 이사회라는 모임에 노동자들이 참여하도록 하는 제도

우리 곁에 있어야 할 법 이야기

예요. 이 제도가 모든 일터에도 적용되어 사장과 노동자 들이 책상에 마주 앉아 함께 고민하고 결정하는 그런 날이 하루빨리 오기를 기대해 봅니다.

외국인 노동자의
못 받은 월급을
정부가 줘야 한다고요?

25

TV 방송 프로그램 중에 〈어서와~ 한국은 처음이지?〉를 본 적이 있나요? 한국에 처음 와 본 외국인들이 여행을 하며 겪는 이야기가 담긴 예능 프로그램이지요. 그 프로그램을 보면 여행을 온 외국인들이 낯선 한국 문화에 적응하려고 노력하는 걸 볼 수 있죠. 여행으로 왔는데도 여러 어려움을 겪는데 고국을 떠나 일하러 온 외국인들에게는 얼마나 많은 어려움이 있을까요?

2015년에 한국에서 일을 시작한 캄보디아 출신의 한 외국인 노동자는 이런 일을 겪었습니다.

"저는 2015년에 한국에 왔어요. 8년 동안 캄보디아에 한 번도 못 갔어요, 돈 없어서. 3년 8개월 넘게 일한 돈을 제대로 못 받았어요. 지금도 한국에 있지만 돈은 벌 수가 없어 캄보디아에 있는 가족들에게 도움 줄 수 없고 불행해요."

동티모르에서 온 외국인 노동자도 사장에게 월급을 제대로 받지 못했다며 이런 이야기를 했어요.

"월급을 제대로 못 받아 동티모르에 남겨 놓고 온 아내와 아들이 먹을 것이 없어요. 제 마음이 아파요."

행복을 찾기 위해 한국에 왔는데 이런 부당하고 불행한 일을 겪는 경우가 너무나 많습니다. 도대체 왜 이런 일이 생겼을까요? 외국인 노동자들이 불행에서 벗어나게 할 방법은 없을까요?

외국인 노동자들이 일하는 곳은 대부분 한국의 작은 공장이거나 농촌입니다. 도시의 큰 공장과 비교할 때 일을 하다가 다치는 경우가 많고, 집을 구하기도 어려워 비닐하우스 같은 곳에서 잠을 자야 하기도 합니다. 그렇게 어렵게 애를 쓰고 일을 했는데 일한 대가인 월급을 제대로 받지 못하는 것은 참으로 안타까운 일입니다. 그런데 또 생각해 보면 일을 시킨 사장도 월급을 제대로 지급하지 못할 사정이 생겼을 수도 있겠죠. 그래서 이 문제는 사장과 외국인 노동자 둘이서 해결하도록 내버려 두어서는 안 되는 문제

우리 곁에 있어야 할 법 이야기

입니다.

　이렇게 복잡하고 어려운 문제를 해결하기 위해 바로 '법'이 필요합니다. 외국인 노동자의 눈물을 닦아 주는 법, 그리고 월급을 지급하기 어려운 사정에 놓인 사장도 구할 수 있는 법. 일단 외국인 노동자들의 일터는 한국 정부가 소개해 준 곳입니다. 외국인 노동자들은 사장을 믿고 일하는 것이 아니라 그 일터를 소개해 준 한국 정부를 믿고 일을 한 것이니 그 일터에서 발생한 일에 대해 사장이 책임을 질 수 없다면, 한국 정부가 대신 책임을 지는 것이 맞죠.

　사장이 지급하지 못한 월급을 대신 한국 정부가 지급을 한 후, 한국 정부는 사장 대신 지급한 월급을 나중에 사장에게 돌려받는 법이 필요합니다. 이 과정에서 외국인 노동자는 한국을 떠나지 않고 못 받은 월급을 다 받을 때까지 한국에서 일을 하며 기다릴 수 있도록 해 주는 법도 필요하겠죠. 그렇지 않으면 월급도 다 받지 못한 외국인 노동자가 한국 땅에서 살아갈 수가 없으니까 말이죠.

　2023년 한 해 동안 16개국에서 11만 명의 외국인이 한국에 일을 하러 들어왔습니다. 매년 이렇게 많은 외국인 노동자들이 들어오고 있는데요. 외국인 노동자들이 없으면 작은 공장, 농장은 문을 닫아야 할 상황이죠. 외국인 노동자는 우리의 이웃입니다. 우리의 이웃인 외국인 노동자들이 더 이상 억울한 일을 당해 불행하지 않도록 좋은 법이 필요합니다.

우리 곁에 있어야 할 법 이야기

'쉼'을 누리기 위해
법이 필요하다고요?

　설이나 추석, 어린이날, 개천절 등등 연휴에 여러분은 어떻게 지내나요? 친구들과 놀이공원에 갈 때도 있고, 가족과 여행을 떠날 때도 있지요. 어떤 날은 아무 것도 하지 않고 집에서 '멍 때리기'를 하며 쉬기도 하지요. 우리의 삶에서 '쉼'은 어떤 의미가 있을까요?

　코로나 19로 어려움을 겪었던 시절, 최고의 방역 수칙이 어떤 것이었는지 혹시 기억하나요? '아프면 쉬기'였습니다. 아프면 쉬는 건 너무나 당연한 것인데 이게 최고의 방역 수칙이라니 너무 시시하게 들릴지도 모르겠어요. 그런데 우리 주변에는 아파도 쉴

우리 곁에 있어야 할 법 이야기

수 없는 분들이 너무나 많습니다.

택배 일을 하는 노동자들은 추석 당일에도 쉬지 못하는 경우가 많습니다. 노동자들이 추석 당일 하루만이라도 쉴 수 있게 해 달라고 회사 측에 호소를 했지만 들어주지 않았습니다. 우리나라에서 제일 유명한 택배 회사 노동자들의 이야기입니다.

노동자들에게 쉼은 저절로 주어지지 않습니다. 온전히 쉼을 누리기 위해서 '법'이 필요합니다. 그 이유는 쉼은 바로 '돈'과 연결되어 있기 때문인데요. "마음껏 쉬세요. 그러나 월급은 없습니다."라고 한다면 편안하게 쉴 수 있는 노동자는 아마 없을 거예요. 그러니 결국 쉼은 있고 월급은 없는 것이 아니라 쉼도 있고 월급도 있는 것이 중요합니다.

법은 법정 휴일에 노동자가 쉬어도 임금을 지급받을 수 있는 '유급 휴일', 쉼도 있고 월급도 있는 휴일을 보장하고 있습니다. 그러나 안타까운 건 이 유급 휴일을 모든 노동자가 누리지는 못하고 있다는 거예요. 일하는 노동자가 5명이 되지 않는 작은 사업장, 택배 일을 하는 노동자들은 이런 유급 휴일을 보장받지 못하고 있습니다. 그래서 모두가 쉼을 누릴 수 있도록 법을 고치기 위해 많은 노력들이 계속되고 있습니다.

추석 연휴처럼 법정 공휴일에 푹 쉬는 것도 중요하지만, 날마다 쉼을 누리는 것도 중요하죠.「근로기준법」에는 노동 시간이 4시간인 경우에는 30분 이상, 8시간인 경우에는 1시간 이상의 휴게 시간을 주어야 하고 휴게 시간은 노동자가 자유롭게 이용할 수 있어야 한다고 규정하고 있습니다. "쉬면서 사무실로 오는 전화는 좀 받아주세요."라고 하거나 "쉬면서 손님이 오면 안내는 좀 해 주세요."라고 한다면 제대로 된 쉼이라고 할 수 있을까요? 이런 시간은 '휴게 시간'이라고 할 수 없습니다. 노동자가 일에 신경 쓰지 않고 자유롭게 이용할 수 있어야 휴게 시간으로 인정됩니다.

법에 의하면 18세 이상인 사람의 하루 노동 시간은 8시간으로 정해져 있습니다. 하지만 사장과 노동자가 서로 합의를 하면 하루에 8시간보다 더 오래 일을 할 수 있는데요. 그렇다고 해도 1주(월요일~일요일)에 추가 근로 시간이 12시간을 넘지는 못하도록 법에 못 박아 두었어요. 일을 더 오래 해서 돈을 왕창 버는 것도 중요하겠지만, 노동자의 건강을 위한 최소한의 안전장치는 필요하기 때문이죠.

그 밖에도 사장은 노동자에게 1주에 평균 1회 이상의 유급 휴일을 보장해야 하고, 1년 동안 열심히 일한 노동자에게 15일의 유

우리 곁에 있어야 할 법 이야기

급 휴가를 주도록 하는 등 법은 노동자들이 쉼을 누릴 수 있도록 여러 규정들을 두고 있습니다. 하지만 아직은 부족합니다. 작은 사업장, 택배 일을 하는 노동자 등 여전히 쉼을 제대로 누리지 못하는 노동자들이 있어요. 모두가 쉼을 누릴 수 있는 더 좋은 법이 만들어질 수 있도록 꾸준히 관심을 가지고 지켜봐야 합니다.

'1층이 있는 삶'을 위한
소송이 뭐예요?

길을 걷다가 목이 마르거나 간단한 먹을거리를 살 때 어느 가게를 찾나요? 예전에는 대부분의 학교 앞에 학용품도 팔고 먹거리도 파는 '문방구'라는 곳이 있었어요. 그런데 요즘은 그런 가게들이 거의 사라졌고, '편의점'이 그 역할을 대신하고 있는 것 같아요.

고객의 편의를 위하여 24시간 문을 여는 가게들을 '편의점'이라고 부르지요. 우리나라에 1988년부터 생기기 시작한 이 공간은 무려 4만 개가 넘는다고 해요. 이름부터 고객의 편의를 강조한 편의점은 누구나 이용할 수 있어야 하는 것이 당연할 텐데, 편의점을 이용하기 어렵다는 외침을 들어 본 적이 있나요?

우리 곁에 있어야 할 법 이야기

휠체어나 지팡이를 사용해야 하는 장애인, 아이를 유모차에 태워 이동해야 하는 분들이 편의점을 이용하지 못하고 돌아서야 하는 경험을 했다고 해요. 그건 바로 출입구에 있는 한 뼘가량의 턱 때문이었어요. 턱을 넘기 위해서는 경사로가 있어야 하는데 그 경사로가 설치되어 있지 않았기 때문이죠.

그와 같은 편의시설은 의무적으로 설치되어야 해요. 우리나라에서는 30년 전부터 「장애인·노인·임산부 등의 편의증진 보장에 관한 법률」(약칭: 장애인 등 편의법)이 시행되고 있어요. 이 법 3조에는 "시설을 운영하는 사람은 장애인 등이 공공건물 및 공중이용시설을 이용할 때 가능하면 최대한 편리한 방법으로 최단 거리로 이동할 수 있도록 편의시설을 설치하여야 한다."고 규정하고 있습니다.

그럼에도 여전히 그와 같은 시설을 하지 않는 이유가 무엇일까요? 그건 바닥 면적이 90평을 넘지 않으면 설치하지 않아도 되는 예외를 두고 있기 때문이래요. 결국 대형마트에는 설치되어 있는 경사로가 소규모인 편의점에는 없어도 그만인 게 된 것이죠.

2018년 4월 여러 장애인권 활동가들이 함께 법원에 소송을 제기했어요. 어느 누구도 배제하지 않는 모두를 위한 평등한 공간,

우리 곁에 있어야 할 법 이야기

모두의 '1층이 있는 삶'을 실현하기 위한 소송을 시작한 거죠. 휠체어, 지팡이를 이용하는 장애인, 유모차를 이용해야 하는 분들도 편의점을 마음껏 이용할 수 있도록 턱을 없애거나 경사로를 설치하도록 법원이 명령을 내려 달라고 요청했어요.

편의점을 운영하는 분들은 어려움을 호소했어요. 건물 턱을 없애는 건 우리 마음대로 할 수 없다고, 경사로를 설치하면 도로를 침범해서 위험할 수 있고, 이런 시설을 갖추는 데 많은 비용이 든다고 말이죠. 이런 주장이 무조건 틀린 건 아니에요. 법에도 없는 의무를 갑자기 이행하라고 하면 당황스러웠을 것 같아요.

법원은 2022년 2월 모든 사람이 '1층이 있는 삶'을 누려야 한다는 요청을 받아들여 주었어요. 90평을 넘지 않으면 경사로 등 편의시설을 설치하지 않아도 되는 예외 규정은 잘못된 것이니 모든 편의점은 턱을 없애거나 경사로를 설치해야 한다는 명령이 내려진 거죠. 물론 편의점을 운영하는 분들의 어려움도 고려하여 1년이라는 준비 기간을 설정해 주었고 그 설치 비용도 편의점 사장이 전부 다 부담하지 않도록 하는 배려도 포함되었어요.

누구에게나 허용되어야 할 건 1층이 있는 삶만이 아니죠. 아직도 장애인들이 이용하기에 너무나 불편하고 위험한 버스, 지하철

등 대중교통을 안전하고 편하게 누구나 이용할 수 있는 그날이
하루빨리 왔으면 좋겠습니다.

우리 곁에 있어야 할 법 이야기

5장

········

정당방위도
처벌받을 수
있다고요
?

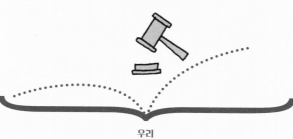

초등학생은 알바를
할 수 없다고요?

'알바를 해서 내가 살게.' 요즘은 초등학생도 알바를 하겠다는 소리를 심심치 않게 하는 거 같아요. 그럼 초등학생이 과연 알바를 해서 돈을 모아 갖고 싶은 물건을 살 수 있을까요? 그에 앞서 초등학생이 알바를 할 수는 있는 것일까요?

'노동'이라는 건 매우 복잡합니다. 왜냐하면 노동은 사람이 시간과 노력을 들여야 하는 인생의 문제이기 때문이죠.

'강제징용'이라는 이야기를 들어 보았나요? 우리가 일본의 식민 지배를 받았던 시절, 자국민으로는 일손이 부족하니 일본이 조선인들을 사실상 강제로 끌고 가서 노동을 시켰는데요. 그렇게 끌

우리 곁에 있어야 할 법 이야기

려간 조선인이 100만 명이 넘는다고 해요. 그때로부터 무려 80년이라는 시간이 흘렀지만 피해자들은 아직도 제대로 된 보상을 받지 못하고 피해 회복을 위해 목소리를 높이고 있어요.

일본에게 빼앗긴 건 우리의 노동만이 아닐 텐데 아직도 강제징용 문제가 계속 문제되는 것은 왜일까요? 강제로 사람에게 일을 시키지 않아야 하는 건 인간으로서 반드시 지켜야 하는 가장 기본적인 원칙이고, 아무리 시간이 지났어도 그 피해는 한 사람의 인생에 고스란히 남아 있기 때문일 거예요.

타임머신이라도 타고 그때로 돌아가서 일본이 기본적인 원칙을 어기지 않도록, 그런 강제노동은 법과 상식을 어긴 것이라고 목소리를 높이고 싶어요. 80년이 흘렀어도 고통을 남기는 노동, 한 사람의 인생이 걸려 있는 노동, 그러하기에 노동을 위한 법을 아는 것은 정말 중요합니다.

국민을 보호하는 국가는 노동을 위한 법을 제대로 만들고 더 좋은 법으로 날마다 가꾸어야 합니다. 그래야 한 사람, 한 사람이 행복하고, 그 사람들이 모여 있는 국가가 그 건강함을 유지할 수 있을 테니까요. 우리나라 「헌법」에도 노동 관련 기준은 인간의 존엄성을 보장하도록, 특히 나이가 어린 아이들의 노동은 특별한 보호를 받는다고 규정하고 있습니다.

남에게 피해를 주는 행동이 아닌 한 모든 사람은 자신이 하고 싶은 것을 할 수 있습니다. 하지만 노동은 그렇지 않습니다. 15세가 넘지 않으면 원칙적으로 노동이 금지됩니다. 예외적으로 허가를 받는다고 해도 예술 공연 참가를 위한 것이 아닌 한 무조건 13세는 넘어야 합니다. 너무 어린 나이의 노동이 건강을 해칠 수 있고 또 학교를 다닐 권리를 침해할 수 있기 때문이죠.

그럼 보호자가 허락해 주면 초등학생도 알바를 할 수 있을까요? 핸드폰 개통 같은 것은 미성년자 자신은 할 수 없지만, 보호자가 대신해 줄 수 있는 것처럼, 노동도 그렇게 할 수 있을까요? 그러나 노동과 관련해서는 그런 요청도 법은 허용하지 않습니다.

한 사람의 인생이 걸려 있는 노동을 위한 법, 그 법이 제대로 작동하지 못했을 때는 큰 고통을 줍니다. 법이 사람을 보호하고 우리 사회를 더 안전하게 만들도록 여러분도 계속 지켜봐 주면 좋겠습니다.

'정당방위'인데
처벌을 받는다고요?

한 초등학생이 이런 질문을 했습니다.

"친구가 저를 때렸으면 제가 정당방위로 그 친구를 마음껏 때려도 괜찮은 거죠?"

여러분은 이 질문에 어떻게 답을 할 것인가요? '정당방위'라고 했으니, 질문자의 말처럼 먼저 맞은 사람은 마음대로 행동해도 되는 걸까요? 법은 그 말 자체의 의미도 중요하지만 이걸 어떻게 해석하는지가 매우 어렵고 복잡합니다.

정당방위의 개념부터 한번 볼까요? 누군가를 때리는 건 잘못이지만, 현재 부당한 일로부터 자신이나 친구를 보호하기 위해 한

우리 곁에 있어야 할 법 이야기

행동은 처벌하지 않는다는 것이 정당방위인데요. 여기서 중요한 건 자신이나 친구를 보호하기 위해 한 행동이 모두 허용된다는 것은 아니고 그 보호에 '적절한' 방법과 수준을 지켜야 한다는 것입니다. 그러니 친구가 먼저 때렸다고 그 친구를 마음껏 때려도 괜찮은 것은 아니고, 나를 보호하는 딱 그 정도만 허용됩니다.

실제 2014년에 강원도 원주에서 이런 일이 있었어요. 도둑이 집에 들어왔고 주인은 그 도둑을 잡았는데, 그 과정에서 도둑이 머리를 크게 다쳤어요. 주인은 도둑을 때려 넘어뜨리고 도망가는 도둑을 쫓아가서 때려잡은 일은 정당방위였다고 주장했어요. 그러나 법원은 도망가는 도둑을 쫓아가 폭행한 것은 나를 보호하는 방어 행위를 넘어선 행위라고 판단하여 그 주장을 받아들이지 않았어요.

이 판결을 두고 많은 사람들은 의아해했습니다. '도둑을 때려 잡았는데 오히려 처벌을 받아야 한다니 이건 너무 억울한 것 아닌가?' 하지만 우리 법에서 정당방위는 자기 보호 차원에서만 인정되는 것일 뿐 그 범위를 넘어선 모든 것을 다 허용해 주는 건 아니라는 점을 법원이 다시 한 번 확인한 것입니다.

그럼 또 이런 의문이 들 수 있을 거예요.

"친구가 만약 저를 때리려고 할 때 제가 먼저 때려도 될까요?"

만약 여러분이 이런 질문을 한다면 저는 이렇게 되물을 거예요.

"친구가 때리려고 하는 건 어떻게 알아차릴 수 있나요?"

이 문제는 국제적으로도 많이 논의되고 있는 주제예요. 나라와 나라, 민족과 민족이 사이좋게 지내면 참 좋을 텐데, 현재도 여러 나라들이, 민족들이 싸우고 있어요. 우리나라도 전쟁이 잠깐 쉬고 있는 휴전 상태가 70년째 이어져 오고 있지요. 한 나라가 다른 나라의 공격을 받았을 경우 방어 차원에서 공격을 하는 것이 가능할 텐데요. 그 공격을 받기 전에 먼저 공격을 할 수 있는지에 대해 논란이 있어요.

선제공격, 선제타격이라고도 하는데, 이미 공격을 당한 후에만 공격할 수 있다면 피해를 막을 수 없으니 미리 공격을 해야 한다는 목소리가 있습니다. 이와 관련해 국제법에서는 "공격 준비가 다 마쳤다는 것이 아주 확실한 경우"에만 아주 예외적으로만 선제공격을 허용하고 있습니다. 아무리 정당방위라고 하더라도 자기를 보호하는 수준까지만 허용된다는 것, 정당방위도 신중하게 행사해야 한다는 것을 꼭 기억했으면 좋겠습니다.

납치되었는데
죄인으로 처벌을
받았다고요?

김춘삼 할아버지에 대해 들어 본 적이 있나요? 할아버지는 가정형편이 어려워 아주 어렸을 적부터 어부 활동을 시작했어요. 그런데 큰 사건이 발생해요. 1971년 할아버지가 15세 때 나무로 만든 배 '승해호'의 선원으로 오징어 잡이에 나섰는데, 북한으로 배가 납치된 거예요. 아직까지 남과 북이 분단되어 있는 상황이고 전쟁이 끝나지 않은 휴전 상태라 남과 북은 사이가 좋다, 안 좋다 하는데 1971년도에는 남과 북이 사이가 많이 안 좋아 이런 일들이 종종 있었어요.

할아버지는 북한에서 1년 넘게 억류되었다가 귀환했어요. 15세라는 어린 나이에 납치되어 많은 고생을 하면서도 할아버지는 가족의 품으로 돌아갈 날만 손꼽아 기다리며 버텼다고 해요. 그런데 할아버지는 귀환한 1972년 9월 7일 가족의 품으로 돌아가지 못하고 조사를 받아야 했어요. 경찰관들은 할아버지에게 "북한에 납치된 것이 아니라 북한이 좋아서 간 것이 아니냐?", " 북한에서 왜 이렇게 많은 물건들을 받아 온 것이냐?" 같은 싸늘한 질문들을 쏟아냈죠. 할아버지는 겨우 16세 소년이었는데 말이죠.

그 당시 남과 북이 사이가 좋지 않다 보니 대한민국 정부도 귀환한 어부들을 따뜻하게 환대하지 않고 의심의 눈초리로 보았어요. 결국 납북 귀환 어부들은 잘못한 일이 없는데도 감옥에 갇힌 채 재판을 받아야 했고 1년이 지나서야 가족의 품으로 돌아올 수 있었습니다. 어린 나이에 형사처벌을 받은 할아버지는 이후 직장을 구하는 것조차 힘들었지만 그래도 죽기 살기로 열심히 일했다고 해요. 아직도 그 힘든 시절 이야기를 하실 때면 눈시울이 붉어진다고 합니다.

50년이라는 시간이 흘렀지만 할아버지는 그 당시 함께 납북되었다가 귀환한 어부 동료들과 함께 그날의 진실을 규명하기 위해 용기를 냈어요. 2021년 12월 '동해안 납북 귀환 어부 피해자 진실 규명 시민 모임'을 만들고, 지금이라도 명예를 회복하고 피해를 배상해 달라고 국가에 당당하게 요청한 것이지요. 다행히도 50년 만에 다시 재판이 열려 할아버지는 무죄를 선고받고 억울한 누명에서 벗어날 수 있었습니다. 현재(2024년 8월) 할아버지는 국가로부터 일정한 배상을 받는 절차를 진행하고 있습니다.

국가에서도 할아버지처럼 억울하게 처벌받은 분들을 위해「진실·화해를 위한 과거사 정리 기본법」을 만들었어요. 그 법에 의해 만들어진 진실화해위원회가 납북 귀환 어부 983명에 대해서 진실 규명을 위한 조사를 2022년 2월 시작했어요. 그리고 국제사회에서도 할아버지의 목소리에 귀 기울이기 시작했어요. 그해 6월에는 유엔(UN) 진실·정의 특별보고관이 우리나라에 방문해 할아버지를 만나고 갔어요. 특별보고관은 전 세계의 과거 인권 침해 사례에 대한 대응과 해결 노력 관련 자료를 수집하고 모범적인 사례를 발굴하여 권고안을 제시하는 등의 임무를 수행하는 분이죠.

푸른 바다, 서핑, 모래사장, 중앙시장, 아바이마을, 오징어순대, 갯배, 닭강정, 카페, 설악산 케이블카, 이 단어들을 들으면 어떤 도시가 떠오르지 않나요? 강원도 속초지요. 사람들은 주로 속초에

우리 곁에 있어야 할 법 이야기

휴양차 가지요. 그런데 이런 속초에 할아버지처럼 아픔을 가진 분들이 많이 있습니다.

언젠가 속초 또는 동해안에 놀러 가게 된다면, 한번쯤 김춘삼 할아버지를 떠올려 보면 어떨까요? 그리고 할아버지처럼 억울하게 처벌받은 납북 귀환 어부들의 진실 규명이 제대로 이루어져서 할아버지가 활짝 웃을 수 있는 날이 하루빨리 오기를 여러분도 함께 기원해 주면 좋겠습니다.

31

'순살 아파트'가
있다고요?

　최근 뉴스에 '순살 아파트'라는 말이 자주 등장하고 있습니다. '뼈 없는 순살 치킨'은 많이 들어 봤지만, '순살 아파트'라니, 이건 도대체 무슨 말일까요?

　2023년 4월, 아파트를 새로 짓는 공사 현장에서 지하주차장 천장이 무너지는 사고가 일어났고, 사고 원인에 대한 조사가 진행되었습니다. 조사 결과 건물의 안전을 위해서 당연히 있어야 할 튼튼한 철근 뼈대가 누락됐다는 충격적인 사실이 밝혀졌어요. 천장을 지탱해 줄 철근 뼈대가 부족하다 보니 한순간에 천장이 와르르 무너졌던 거예요.

우리 곁에 있어야 할 법 이야기

이 일로 당연히 있어야 할 튼튼한 철근 뼈대가 누락된 아파트를 부르는 새로운 단어가 탄생했습니다. 뼈를 제거한 치킨을 부르는 단어인 '순살'을 붙여 '순살 아파트'라고 부르게 된 것이지요. 안전하지 못한 건축물을 상징하는 단어로 오랫동안 사용되지 않을까 싶습니다. 30년 전 백화점과 한강 다리가 무너지는 등 대형 사고가 많았습니다. 많은 희생자를 낳았고, 우리 사회는 충격에 빠졌습니다. 하지만 그로부터 30년이 지났음에도 '순살 아파트'와 같은 위험천만한 건축물이 여전히 존재한다는 사실이 정말 안타깝습니다.

도대체 왜 이런 건축물이 이 땅에서 사라지지 않고 계속 지어지는 것일까요? 예를 들어 설명해 볼게요. 건축물을 짓는 공사는 대부분 언제까지 다 짓겠다는 약속을 하고 시작을 하게 됩니다. 그 약속을 못 지킬 경우 하루에 얼마씩 손해를 배상해 주도록 약속도 하지요. 다 짓겠다고 약속한 날이 다가오는데 생각보다 많이 못 지었을 경우 사장의 생각은 복잡해집니다.

약속을 못 지켜 손해를 배상해 주더라도 안전을 위해 차근차근 공사를 진행할 것인가? 아니면 약속을 지키기 위해 급하게 몰아쳐 대충대충 공사를 마무리할 것인가? 이 두 가지 선택 중 하나를

우리 곁에 있어야 할 법 이야기

해야 하는 사장의 마음은 어떨까요? 이런 중요한 선택의 순간에 바로 법이 필요합니다. 우리의 안전을 위한 법!

약속을 못 지켜 손해를 배상해 주더라도 안전을 위해 차근차근 공사를 진행하는 것이 옳고, 약속을 지키기 위해 급하게 몰아쳐 대충대충 공사를 마무리하는 것이 틀렸다는 것이 법으로 정해져야 합니다. 약속을 못 지켜 배상을 해 주어야 할 돈을 아끼려고 대충대충 공사를 마무리하는 것이 지혜로운 선택이 아니라 어리석은 선택이라는 것이 법으로 정해져야 합니다.

생명과 안전을 무시한 사장이 다시는 건물을 짓지 못하도록, 그리고 평생 모아도 다 모을 수 없을 만큼의 큰돈을 잘못에 대한 대가로 배상하도록 법으로 정할 필요가 있습니다. 그런 법이 없다면 바로 눈앞에 보이는 손해를 피하기 위해 대충대충 건축물을 짓겠다는 유혹에서 벗어나기 힘들 것입니다. 그렇게 엄격한 처벌 규정이 있어야 중대재해를 예방하고 시민의 생명과 안전이 보호될 수 있겠죠. 그리고 그런 법은 처벌보다 더 중요한 목적이 사고를 예방하는 데 있습니다.

생명과 안전을 생각하면 2014년 세월호 사건이 떠오릅니다. 다시는 이런 일이 일어나지 않도록 하기 위해 만들어진 〈존엄과 안전에 관한 4·16 인권선언〉의 한 구절을 꺼내 봅니다.

인간의 생명과 존엄성은

최우선적으로 보장되어야 한다.

돈이나 권력은

인간의 생명과 존엄보다 앞설 수 없다.

우리 곁에 있어야 할 법 이야기

32

축구장 3만 개가
한 번에 사라졌다고요?

2022년에 열린 카타르 월드컵 경기를 보았나요? 평소에 축구를 좋아하지 않는 사람도 월드컵 기간 동안에는 한국 선수들의 경기 결과에 함께 웃고 함께 우는 경험을 했을 거예요. 그런데 조금 뜬금없는 이야기 같지만, 이런 걱정을 하는 사람들이 있어요. 여러 나라 축구선수들이 한 나라에 모여 축구경기를 하며 함께 즐기는 이런 월드컵이 계속 가능할 수 있을까? 그건 바로 전 세계가 '위기'에 직면하고 있기 때문이에요.

월드컵 축구장의 크기는 길이 105미터, 폭 68미터라고 하는데요. 2022년 3월 경상북도 울진에서 발생한 산불로 9일 동안 축구

우리 곁에 있어야 할 법 이야기

장 약 3만 개 크기의 산이 사라졌다고 해요. 보통 축구장 150개 크기의 산불을 대형 산불이라고 하는데, 그 정도와는 비교가 안 될 정도로 큰 규모의 초대형 산불이 전 세계적으로 발생하고 있어요. 2019년 발생해서 무려 6개월 동안이나 꺼지지 않았던 호주 산불이 있었고, 2020년 미국 서부에서는 3개월 동안 크고 작은 산불이 계속 발생하는 일도 있었습니다. 여러 이유 중 가장 큰 원인으로 지목되는 것이 기온이 오르고 습도가 감소하는 지구 온난화인데, 지금껏 경험하지 못한 기후 변화가 전 세계적으로 일어나고 있어요. 전 지구적으로 기후 위기를 겪고 있는 거죠.

이러한 기후 위기를 극복하기 위해 전 세계적으로 탄소 배출을 줄이려는 노력들을 하고 있어요. 2022년 3월부터 시행된 「탄소중립기본법」은 2030년 탄소 배출량을 2018년보다 40퍼센트 줄이는 걸 목표로 하고 있어요. 그런데 이 목표는 저절로 달성될 수 없겠죠. 그래서 전 세계의 정부와 기업 들이 그 목표를 달성하도록 더 노력을 기울여야 한다고 주장하는 관련 소송이 줄을 잇고 있습니다.

그런데 다른 소송과 달리 이런 기후 위기 관련 소송은 어른이 아닌 청소년들이 제기하고 있어요. 지구에 더 오래오래 살아야 하는 청소년들이 바라볼 때 어른들의 노력은 터무니없이 부족해 보여서일 것 같아요. 한국의 청소년들도 '청소년 기후행동'이라는 단체를 만들어 2020년부터 소송을 시작했어요.

"기후 위기가 심각해진 미래에 어른들은 없고, 우리가 크면 너무 늦습니다. 우리에게 떠넘기지 말아 주세요."

여름에 빵빵하게 틀었던 에어컨, 비행기를 타고 가는 외국 여행 등 지금까지 누렸던 일들이 탄소 배출 제한 때문에 미래 세대는 누릴 수 없게 된다는 절박감이 청소년들의 행동을 불러일으키는 것이겠죠.

실제로 지구 온도 상승을 1.5도로 제한할 경우, 2017년에 태어난 아기가 배출할 수 있는 탄소량은 1950년에 출생한 성인이 배출했던 양의 8분의 1로 줄어든다는 연구 결과가 있어요. 지금 누리는 것들을 미래 세대도 누릴 수 있도록 바로 당장 탄소 배출을 줄여야 한다는 주장에 법원도 손을 들어주고 있어요.

2019년 네덜란드 대법원은 네덜란드 정부가 온실가스를 2020년까지 1990년 대비 최소 25퍼센트를 감축할 적극적 의무가 있다고 판단했고, 2021년 헤이그 지방법원은 "화석 연료를 생산하고 유통하는 대기업이 2019년 대비 2030년까지 탄소 45퍼센트를 감축하라."고 판단했습니다. 우리나라 헌법재판소도 2024년 8월 29일, 우리 정부가 국가 온실가스 배출량 목표를 2030년까지 만 세워 두고, 2049년까지의 감축 목표를 세워 두지 않은 점이 「헌법」에 위배된다는 결정을 내렸습니다. 헌법재판소 결정에 따라 정부는 2026년 2월까지 2031~2049년 국가 온실가스 감축 목표를 설정하는 내용을 반영해 「탄소중립기본법」을 개정해야 합니다.

생존자를 위한 법이
필요하다고요?

<톰과 제리>라는 만화를 좋아하나요? 고양이 톰이 생쥐 제리를 잡으러 다니지만 궁지에 몰린 제리는 늘 돌파구를 마련하죠. 이 만화를 보며 우리도 제리처럼 궁지에 몰릴 때마다 돌파구가 마련되길 꿈꾸게 됩니다. 그러나 현실은 늘 그렇지 못한 것 같아요. 그래서 궁지에 몰릴 때 돌파구를 마련하지 못하는 사람들을 위해 우리 곁에는 늘 좋은 '법'이 필요합니다.

2024년 세월호 사건은 10주기를 맞았습니다. 세월호에는 학생들 외에도 많은 사람들이 타고 있었어요. 그중에 화물차 운전사들도 있었습니다. 화물차 운전사들은 2014년 4월 15일 평소와 같이

우리 곁에 있어야 할 법 이야기

인천에서 제주로 가는 배를 탔지만, 그 배는 다음 날 아침 침몰했고 아저씨들은 하루아침에 참담한 사건을 목격한 '세월호 생존자'가 되었어요. 그 누구도 바라지 않는 그 일이 벌어진 거죠.

가까스로 살아난 운전사들은 제주로 돌아왔지만 위로와 격려 대신 당장 화물차에 실었던 물건을 배송하지 못한 책임을 져야 했죠. 새로운 직장을 구하는 것도 쉽지 않았고, 무엇보다 큰 사고 후 발생하는 후유증, 전문적인 용어로 '트라우마'로 받는 고통은 정말 말로 표현할 수가 없었어요.

이렇게 궁지에 빠진 아저씨들을 위해 세월호 사건 1년 만에 세월호 피해자를 지원하는 법이 만들어졌어요. 구조에 실패했던 정부가 아저씨들이 입은 피해를 배상해 주겠다는 내용이 법에 담겼는데요. 아쉬운 건 그 배상은 6개월 안에 신청을 해야 했고, 딱 한 번만 받을 수 있었죠. 트라우마가 언제 끝날지 모르는 아저씨들 입장에서는 고민이 되었다고 해요.

트라우마가 얼마나 오랫동안 지속될지는 최소한 사고 후 2년이 지난 후에 평가되어야 한다는 것이 원칙입니다. 그런데 법은 6개월 안에 배상을 신청하도록 했기에 제대로 된 평가가 진행되기 어려웠죠. 정부는 약 4년치 장애가 예상된다는 소견을 토대로 보

우리 곁에 있어야 할 법 이야기

상금을 지급했어요. 이런 불합리한 상황에서 그저 딱 한 번만 받을 수 있는 배상을 신청한다는 것이 아저씨들 입장에서는 썩 내키지 않았지만 가족들의 삶을 위해서 다른 선택의 여지가 없었다고 해요.

딱 한 번의 배상을 받고 그로부터 이제 9년이 흘렀습니다. 아직도 트라우마로 고통을 받고 있는지 철저한 검사가 진행되었는데 2028년까지 트라우마가 지속되고, 그 이후 언제까지 고통이 지속될지는 2028년에 다시 검사를 받아야 한다는 결과가 나왔어요. 딱 한 번 배상을 받으면 더 이상 받지 못하는 법이 아니라 트라우마가 지속되는 기간 동안 어려운 처지를 벗어날 수 있도록 배상을 받을 수 있는 법이 처음부터 만들어졌어야 했던 거지요.

여러 사람들이 뜻을 모아 세월호 생존자를 위해 애를 쓰고 있습니다. 트라우가가 언제 끝날지 몰랐던 그 당시에 이루어진 배상을 취소하고 다시 배상을 해 달라고 요구하고 있습니다. 딱 한 번 배상받으면 다시는 배상받을 수 없는 법이 잘못이니 너무 늦었지만 지금이라도 트라우마가 계속되는 기간 동안 계속 배상을 받게 해 달라는 법을 만들어 달라고도 외치고 있어요.

우리
곁에
있어야 할
법
이야기